Sous-Vide Köket

Utforska Världen av Sous-Vide Tekniken och Skapa Mästerliga Måltider Hemma

Erik Johansson

Innehållsförteckning

Söta korvar och vindruvor 9
Sweet Spare Ribs med mango sojasås 10
Söta kotletter och zucchini med mandel 12
Fläskkotletter med paprika och majsröra 14
Krämig konjak fläskkarré 16
Tomat fläsklägg med morötter 18
Fläsk med kryddig kaffesås 20
Kryddad ryggrad 21
Smakfulla fläskkotletter med svamp 22
Pancetta och majs gräddsoppa 24
Kummin och vitlök fläsk Kabobs 25
Fantastiska fläskkotletter med balsamicoglasyr 27
Rödkål och potatis med korv 28
Fläskkarré med mandel 30
Härligt fläsk i Salsa Verde 32
Kryddade kokosfläskrevben 34
Juicy BBQ Baby Ribs 36
Vitlök fläskfilé 38
Smakrik timjan och vitlök fläskfilé 39
Fläskkotletter med svampsås 41
Söta äppelkorvar 43
Sweet Orange Pork Tacos 44
Mexikansk fläsk Carnitas med Salsa Roja 46
Chili kyckling och chorizo tacos med ost 48

Kyckling med grönsaker 50
Lätt kryddig honungskyckling 52
Klassisk kyckling Cordon Bleu 54
Krispig hemlagad stekt kyckling 56
Kryddat kycklingbröst 58
Smakrik salladswrap med ingefära-chili kyckling 60
Aromatisk citron kycklingbröst 62
Senap & vitlökskyckling 64
Hel kyckling 65
Läckra kycklingvingar med buffelsås 66
Läckra kycklinglår med lime-söt sås 67
Kycklingbröst med Cajunsås 69
Sriracha kycklingbröst 70
Kycklingpersilja med currysås 71
Parmesan kycklingbröst 72
Mal kyckling med tomater 73
Kycklinggryta med svamp 74
Det enklaste kycklingbröstet utan att brynts 76
Orange kycklinglår 77
Timjankyckling med citron 79
Peppar Kycklingsallad 80
Hel kyckling 82
Enkla kryddade kycklinglår 84
Buffalo kycklingvingar 85
Strimlade kycklingbiffar 87
Kycklinglår med morotspuré 88
Citronkyckling med mynta 90

Kyckling med körsbärsmarmelad 91
Söta kryddiga kycklingstavar 92
Fyllda kycklingbröst 94
Galen kyckling 96
Medelhavskycklinglår 98
Kycklingbröst med Harissasås 99
Vitlökskyckling med svamp 100
Kycklinglår med örter 102
Kycklingpudding med kronärtskockshjärtan 104
Mandel Butternut Squash & Kycklingsallad 106
Kyckling och valnötssallad 108
Krabbkött med limesmörsås 110
Snabb lax från norr 111
Smakrik öring med senap och tamarisås 112
Sesam tonfisk med ingefärssås 113
Gudomliga vitlök citronkrabba rullar 115
Kryddig bläckfisk med citronsås 117
Kreolska räkor Kabobs 119
Räkor med kryddig sås 121
Hälleflundra med schalottenlök och dragon 122
Örtsmör Citron Torsk 124
Grouper med Beurre Nantais 126
Tonfiskchips 128
Smörade pilgrimsmusslor 129
Mintiga sardiner 130
Havslök i vitt vin 131
Lax och grönkålssallad med avokado 132

Ingefära lax 134
Musslor i färsk limejuice 135
Örtmarinerade tonfiskbiffar 136
Krabba köttbullar 138
Chili luktar 140
Marinerade havskattfiléer 142
Persilja räkor med citron 144
Sous Vide hälleflundra 145
Citronsmörolja 147
Basilika torskgryta 148
Lätt Tilapia 149
Lax med sparris 150
Currymakrill 151
Rosmarin bläckfisk 152
Friterade citronräkor 153
Octopus Grill 154
Vilda laxbiffar 156
Tilapia gryta 157
Smörbollar med pepparkorn 159
Koriander öring 161
Bläckfiskringar 162
Chili räkor & avokado sallad 163
Smörig röd snapper med citrussaffransås 165
Torskfilé med sesamskorpor 167
Krämig lax med spenat och senapssås 169
Paprikamusslor med fräsch sallad 171
Saucy pilgrimsmusslor med mango 173

Salladslök och räkor med senapsvinägrett 175
Kokos räkor soppa 177
Honungslax med sobanudlar 179
Gourmet hummer med majonnäs 181
Party räkcocktail 183
Herby Citron Lax 185
Smakrika smöriga hummerstjärtar 186
Thailändsk lax med blomkål och äggnudlar 187
Lätt havsabborre med dill 189
Sweet Chili Räkor Woka 190
Fruktiga thairäkor 192
Citronräkor i Dublin-stil 194
Saftiga pilgrimsmusslor med chili vitlökssås 196
Curryräkor med nudlar 198
Smakrik krämig torsk med persilja 199
Franska Pot de Rillettes med lax 201
Salvialax med kokospotatismos 202
Dill Baby Octopus skål 204
Saltad lax i Hollandaisesås 205
Fantastisk citronlax med basilika 207
Äggbitar med lax och sparris 209
Garlicky Senapsräkor 211
Läcker ost hummerrisotto 213
Vitlök Tabasco Edamame ost 215
Herby Mosade snöärter 216

Söta korvar och vindruvor

Förberedelse + tillagningstid: 1 timme 20 minuter | Portioner: 4

Råmaterial

2 ½ koppar vita druvor utan kärnor med stjälkar borttagna
1 msk hackad färsk rosmarin
2 msk smör
4 hela söta italienska korvar
2 msk balsamvinäger
Salt och svartpeppar efter smak

Instruktioner

Förbered ett vattenbad och placera Sous Vide i det. Ställ in på 160F.

Lägg vindruvor, rosmarin, smör och korvar i en vakuumpåse. Släpp ut luften med hjälp av vattenförträngningsmetoden, förslut och sänk ned påsen i vattenbadet. Koka i 60 minuter.

När timern stannar tar du bort korvarna och överför matlagningsjuicerna och druvorna till en medelstor kastrull. Häll i balsamvinäger och koka i 3 minuter. Krydda med salt och peppar. Hetta upp en panna på medelvärme och stek korvarna i 3-4 minuter. Servera med såsen och druvorna.

Sweet Spare Ribs med mango sojasås

Förberedelse + tillagningstid: 36 timmar 25 minuter | Portioner: 4

Råmaterial

4 pund fläsk revben

Salt och svartpeppar efter smak

1 dl mangojuice

¼ kopp sojasås

3 msk honung

1 msk chili vitlökspasta

1 msk mald ingefära

2 msk kokosolja

1 tsk kinesiskt fem kryddor pulver

1 tsk mald koriander

Instruktioner

Förbered ett vattenbad och placera Sous Vide i det. Ställ in på 146F.

Krydda revbenen med salt och peppar och lägg i en vakuumpåse. Släpp ut luften med hjälp av vattenförträngningsmetoden, förslut och sänk ned påsen i vattenbadet. Koka i 36 timmar. När timern stannar, ta bort remsorna och torka. Kasta matlagningsjuicer.

Värm en gryta på medelvärme och koka upp mangojuice, sojasås, chili, vitlökspasta, honung, ingefära, kokosolja, five spice och koriander i 10 minuter tills den reducerats. Bred ut revbenen med såsen. Överför till en bakplåt och tillaga i 5 minuter i en 390 F ugn.

Söta kotletter och zucchini med mandel

Förberedelse + tillagningstid: 3 timmar 15 minuter | Portioner: 2

Råmaterial

2 fläskkotletter

Salt och svartpeppar efter smak

3 msk olivolja

1 msk färskpressad citronsaft

2 tsk rödvinsvinäger

2 teskedar honung

2 msk olivolja

2 medelstora zucchini, skurna i strimlor

2 msk mandel, rostad

Instruktioner

Förbered ett vattenbad och placera Sous Vide i det. Ställ in på 138 F. Placera det kryddade fläsket i en vakuumförseglingspåse. Tillsätt 1 matsked olivolja. Släpp ut luften med hjälp av vattenförträngningsmetoden, förslut och sänk ned påsen i vattenbadet. Koka i 3 timmar.

Blanda citronsaft, honung, vinäger och 2 matskedar olivolja. Krydda med salt och peppar. När timern stannar, ta bort påsen och kassera matlagningsjuicerna. Hetta upp risolja i en panna på hög värme och stek fläsket 1 minut per sida. Ta av från värmen och låt vila i 5 minuter.

Till salladen, i en skål, släng zucchinin med dressingen. Krydda med salt och peppar. Lägg över fläsket på en tallrik och servera med zucchinin. Garnera med mandel.

Fläskkotletter med paprika och majsröra

Förberedelse + tillagningstid: 1 timme 10 minuter | Portioner: 4

Råmaterial

4 fläskkotletter

1 liten röd paprika, tärnad

1 liten gul lök, tärnad

2 dl frysta majskärnor

¼ kopp koriander

Salt och svartpeppar efter smak

1 msk timjan

4 msk vegetabilisk olja

Instruktioner

Förbered ett vattenbad och placera Sous Vide i det. Ställ in på 138 F. Strö fläsket med salt och lägg i en vakuumförseglad påse. Släpp ut luften med hjälp av vattenförträngningsmetoden, förslut och sänk ned påsen i ett vattenbad. Koka i 1 timme.

Hetta upp olja i en panna på medelvärme och fräs lök, röd paprika och majs. Krydda med salt och peppar. Rör ner koriander och timjan. Avsätta. När timern stannar, ta bort fläsket och överför till en het panna. Stek i 1 minut på varje sida. Servera fläsket med kokta grönsaker.

Krämig konjak fläskkarré

Förberedelse + tillagningstid: 4 timmar 50 minuter | Portioner: 4

Råmaterial

3 pund benfri sidfläskbiff
Salt att smaka
2 tunt skivade lökar
¼ kopp konjak
1 dl mjölk
1 kopp färskost

Instruktioner

Förbered ett vattenbad och placera Sous Vide i det. Ställ in på 146 F. Krydda fläsket med salt och peppar. Hetta upp en panna på medelvärme och stek fläsket i 8 minuter. Avsätta. Rör ner löken och koka i 5 minuter. Tillsätt konjak och koka tills det sjuder. Låt svalna i 10 minuter.

Lägg fläsket, löken, mjölken och grädden i en vakuumpåse. Släpp ut luften med vattenöverföringsmetoden, förslut och sänk ned i vattenbadet. Koka i 4 timmar. När timern stannar, ta bort fläsket. Ställ åt sidan, håll värmen. Hetta upp en gryta och häll i matlagningsjuicerna. Rör om i 10 minuter tills det sjuder. Krydda med salt och peppar. Skiva fläsket och toppa med gräddsås till servering.

Tomat fläsklägg med morötter

Förberedelse + tillagningstid: 48 timmar 30 minuter | Portioner: 4

Råmaterial

2 fläsklägg

1 (14,5 ounce) burk tärnade tomater med juice

1 dl nötbuljong

1 dl finhackad lök

½ dl finhackad fänkålslök

½ kopp finhackade morötter

Salt att smaka

½ dl rött vin

1 lagerblad

Instruktioner

Förbered ett vattenbad och placera Sous Vide i det. Ställ in på 149 F. Ta bort bukfettet från skaften och lägg i en vakuumförseglad påse. Tillsätt resten av ingredienserna. Släpp ut luften med vattenöverföringsmetoden, förslut och sänk ned påsen i vattenbadet. Koka i 48 timmar.

När timern stannar, ta bort stammen och kassera lagerbladet. Spara matlagningsjuicerna. Lägg skaftet i en bakplåt och grilla i 5 minuter tills det är brunt. Värm en kastrull på medelvärme och rör ner matlagningsjuicerna. Koka i 10 minuter tills det tjocknat. Bred såsen över fläsket och servera.

Fläsk med kryddig kaffesås

Förberedelse + tillagningstid: 2 timmar 50 minuter | Portioner: 4

Råmaterial

4 fläskkotletter med ben
1 msk paprikapulver
1 msk malet kaffe
1 msk farinsocker
1 msk vitlökssalt
1 msk olivolja

Instruktioner

Förbered ett vattenbad och placera Sous Vide i det. Ställ in på 146 F. Lägg fläsket i en vakuumförseglad påse. Släpp ut luften med hjälp av vattenförträngningsmetoden, förslut och sänk ned påsen i ett vattenbad. Koka i 2 timmar och 30 minuter.

Förbered under tiden såsen och blanda väl paprikapulver, malet kaffe, farinsocker och vitlökssalt. När timern stannar tar du bort fläsket och torkar det.

Bred fläsket med såsen. Hetta upp olja i en panna på hög värme och stek fläsket 1-2 minuter per sida. Låt vila i 5 minuter. Skiva fläsket och servera.

Kryddad ryggrad

Förberedelse + tillagningstid: 3 timmar 15 minuter | Portioner: 4

migråmaterial

1 pund fläskfilé, putsad
Salt att smaka
½ tsk svartpeppar
3 msk chilipasta

Instruktioner

Förbered ett vattenbad och placera Sous Vide i det. Ställ in på 146F.

Blanda länden med salt och peppar och lägg i en vakuumpåse. Släpp ut luften med hjälp av vattenförträngningsmetoden, förslut och sänk ned påsen i vattenbadet. Koka i 3 timmar.

När timern stannar, ta bort fläsket och pensla med chilipasta. Värm grillen på hög värme och stek ryggraden i 5 minuter tills den är brun. Tillåt vila. Skär filén i skivor och servera.

Smakfulla fläskkotletter med svamp

Förberedelse + tillagningstid: 65 minuter | Portioner: 2

Råmaterial

2 tjocka skurna fläskkotletter med ben

Salt och svartpeppar efter smak

2 msk smör, kallt

4 oz blandade vilda svampar

¼ kopp sherry

½ dl nötbuljong

1 tsk salvia

1 msk biffmarinad

Hackad vitlök till garnering

Instruktioner

Förbered ett vattenbad och placera Sous Vide i det. Ställ in på 138F.

Blanda fläsket med salt och peppar och lägg i en vakuumpåse. Släpp ut luften med hjälp av vattenförträngningsmetoden, förslut och sänk ned påsen i vattenbadet. Koka i 45 minuter.

När timern stannar tar du bort fläsket och torkar det. Kasta matlagningsjuicer. Hetta upp 1 msk smör i en panna på medelvärme och stek fläsket 1 minut på varje sida. Lägg över på en tallrik och ställ åt sidan.

Koka svampen i samma heta panna i 2-3 minuter. Rör ner sherry, fond, salvia och biffmarinad tills såsen tjocknar. Tillsätt resten av smöret och smaka av med salt och peppar; blanda väl. Toppa fläsket med såsen och garnera med vitlök till servering.

Pancetta och majs gräddsoppa

Förberedelse + tillagningstid: 1 timme 15 minuter | Portioner: 4

Råmaterial

4 majsax, kärnor rakade bort

4 msk smör

1 dl mjölk

1 lagerblad

Salt och vitpeppar efter smak

4 skivor knaprig kokt pancetta

2 msk hackad gräslök

Instruktioner

Förbered ett vattenbad och placera Sous Vide i det. Ställ in på 186F.

Blanda majskärnor, mjölk, majskolvar, 1 msk salt, 1 msk vitpeppar och lagerblad. Lägg i en lufttät påse. Släpp ut luften med hjälp av vattenförträngningsmetoden, förslut och sänk ned påsen i vattenbadet. Koka i 1 timme.

När timern stannar, ta bort påsen och ta bort majskolvar och lagerblad. Placera blandningen i en mixer i puréläge i 1 minut. Vill du ha en annan konsistens, tillsätt lite mjölk. Krydda med salt och peppar. Garnera med pancetta och gräslök till servering.

Kummin och vitlök fläsk Kabobs

Förberedelse + tillagningstid: 4 timmar 20 minuter | Portioner: 4

Råmaterial

1 pund benfri fläskaxel, tärnad

Salt att smaka

1 msk mald muskotnöt

1 msk finhackad vitlök

1 tsk spiskummin

1 tsk koriander

1 tsk vitlökspulver

1 tsk farinsocker

1 tsk nymalen svartpeppar

1 msk olivolja

Instruktioner

Förbered ett vattenbad och placera Sous Vide i det. Ställ in på 149 F. Pensla fläsket med salt, vitlök, muskotnöt, spiskummin, koriander, peppar och farinsocker och lägg i en vakuumförsluten påse. Släpp ut luften med hjälp av vattenförträngningsmetoden, förslut och sänk ned påsen i vattenbadet. Koka i 4 timmar.

Värm grillen till hög värme. När timern stannar, ta bort fläsket och lägg på grillen. Stek i 3 minuter tills de är bruna.

Fantastiska fläskkotletter med balsamicoglasyr

Förberedelse + tillagningstid: 3 timmar 20 minuter | Portioner: 2

Råmaterial

2 fläskkotletter
Salt och svartpeppar efter smak
1 msk olivolja
4 msk balsamvinäger
2 tsk färsk rosmarin, hackad

Instruktioner

Förbered ett vattenbad och placera Sous Vide i det. Ställ in på 146F.

Blanda fläsket med salt och peppar och lägg i en vakuumpåse. Släpp ut luften med vattenöverföringsmetoden, förslut och sänk ned i vattenbadet. Koka i 3 timmar. När timern stannar tar du bort fläsket och torkar det.

Hetta upp olivolja i en panna och stek kotletterna i 5 minuter tills de är bruna. Tillsätt balsamvinäger och låt sjuda. Upprepa processen i 1 minut. Tallrik och garnera med rosmarin och balsamicosås.

Rödkål och potatis med korv

Förberedelse + tillagningstid: 2 timmar 20 minuter | Portioner: 4

Råmaterial

½ rödkålshuvud, skuren i skivor

1 äpple, skuret i små tärningar

24 oz röd potatis, i fjärdedelar

1 liten lök, skivad

¼ tsk sellerisalt

2 msk äppelcidervinäger

2 msk farinsocker

Svartpeppar efter smak

1 pund förkokt rökt fläskkorv, skivad

½ dl kycklingfond

2 msk smör

Instruktioner

Förbered ett vattenbad och placera Sous Vide i det. Ställ in på 186 F. Kombinera kål, potatis, lök, äpple, cider, farinsocker, svartpeppar, selleri och salt.

Lägg korvarna och blandningen i en återförslutbar påse. Släpp ut luften med vattenförträngningsmetod, förslut och sänk ned påsen i vattenbadet. Koka i 2 timmar.

Värm smör i en kastrull på medelvärme. När timern stannar, ta bort påsen och lägg innehållet i en kastrull. Koka tills vätskan avdunstar. Tillsätt kål, lök och potatis och koka tills de fått färg. Fördela blandningen på serveringsfat.

Fläskkarré med mandel

Förberedelse + tillagningstid: 3 timmar 20 minuter | Portioner: 2

Råmaterial

3 msk olivolja

3 msk senap

2 msk honung

Salt och svartpeppar efter smak

2 kotletter med ben

1 msk citronsaft

2 tsk rödvinsvinäger

2 msk rapsolja

2 dl blandad babysallad

2 msk soltorkade tomater i tunna skivor

2 tsk mandel, rostad

Instruktioner

Förbered ett vattenbad och placera Sous Vide i det. Ställ in på 138F.

Blanda 1 msk olivolja, 1 msk honung och 1 msk senap och smaka av med salt och peppar. Pensla länden med blandningen. Lägg i en lufttät påse. Släpp ut luften med hjälp av vattenförträngningsmetoden, förslut och sänk ned påsen i vattenbadet. Koka i 3 timmar.

Förbered under tiden dressingen genom att blanda citronsaft, vinäger, 2 msk olivolja, 2 msk senap och den återstående honungen. Krydda med salt och peppar. När timern stannar, ta bort ryggraden. Kasta matlagningsjuicer. Hetta upp rapsolja i en panna på hög värme och stek ryggraden i 30 sekunder per sida. Låt vila i 5 minuter.

Till salladen, blanda sallad, soltorkade tomater och mandel i en skål. Blanda 3/4 av dressingen. Toppa med dressingen och servera med salladen.

Härligt fläsk i Salsa Verde

Förberedelse + tillagningstid: 24 timmar 25 minuter | Portioner: 8)

Råmaterial

2 pund benfri fläskaxel, tärnad

Salt att smaka

1 msk mald spiskummin

1 tsk nymalen svartpeppar

1 msk olivolja

1 pund tomater

3 poblano paprika, kärnade och tärnade

½ vitlök finhackad

1 serrano kärnade och tärnad

3 pressade vitlöksklyftor

1 knippe grovt hackad koriander

1 dl kycklingfond

½ kopp limejuice

1 matsked oregano

Instruktioner

Förbered ett vattenbad och placera Sous Vide i det. Ställ in på 149 F. Krydda fläsket med salt, spiskummin och peppar. Hetta upp olja i en panna på hög värme och stek fläsket i 5-7 minuter. Avsätta. Koka tomatillos, poblano, lök, serrano och vitlök i samma panna i 5 minuter. Lägg över till en matberedare och tillsätt koriander, limejuice, kycklingfond och oregano. Blanda i 1 minut.

Lägg fläsket och såsen i en återförslutningsbar påse. Släpp ut luften med hjälp av vattenförträngningsmetoden, förslut och sänk ned påsen i vattenbadet. Koka i 24 timmar. När timern stannar, ta bort påsen och lägg i skålar. Strö över salt och peppar. Servera med ris.

Kryddade kokosfläskrevben

Förberedelse + tillagningstid: 8 timmar 30 minuter | Portioner: 4

Råmaterial

1/3 kopp kokosmjölk

2 msk kokossmör

2 msk sojasås

2 msk farinsocker

2 msk torrt vitt vin

1 citrongrässtjälk, finhackad

1 msk Srirachasås

1 msk färsk ingefära, riven

2 vitlöksklyftor, skivade

2 tsk sesamolja

1 pund benfritt fläskrevben

Hackad färsk koriander

Kokt basmatiris att servera

Instruktioner

Förbered ett vattenbad och placera Sous Vide i det. Ställ in på 134F.

Mixa kokosmjölk, kokossmör, sojasås, farinsocker, vin, citrongräs, ingefära, srirachasås, vitlök och sesamolja i en matberedare tills det är slätt.

Lägg revbenen och pensla med blandningen i en vakuumpåse. Släpp ut luften med hjälp av vattenförträngningsmetoden, förslut och sänk ned påsen i vattenbadet. Koka i 8 timmar.

När timern stannar, ta bort revbenen och överför till en tallrik. Värm en kastrull på medelvärme och häll i matlagningsjuicerna. Koka i 10-15 minuter för att sjuda. Tillsätt revbenen i såsen och rör om väl. Koka i 5 minuter. Garnera med koriander och servera med ris.

Juicy BBQ Baby Ribs

Förberedelse + tillagningstid: 16 timmar 50 minuter | Portioner: 5

Råmaterial

4 pounds fläsk baby back revben

3 ½ dl BBQ-sås

⅓ kopp tomatpuré

4 lökar, hackade

2 msk färsk persilja, hackad

Instruktioner

Förbered ett vattenbad och placera Sous Vide i det. Ställ in på 162F.

Lägg de separata revbenen i en vakuumpåse med 3 koppar BBQ-sås. Släpp ut luften med hjälp av vattenförträngningsmetoden, förslut och sänk ned påsen i vattenbadet. Koka i 16 timmar.

Blanda resten av BBQ-såsen och tomatpurén i en skål. Ställ åt sidan i kylen.

När timern stannar, ta bort revbenen och torka med en kökshandduk. Kasta matlagningsjuicer.

Värm ugnen till 300 F. Pensla revbenen med BBQ-såsen på båda sidor och överför till ugnen. Grädda i 10 minuter. Pensla igen med såsen och grädda i ytterligare 30 minuter. Garnera med lök och persilja och servera.

Vitlök fläskfilé

Förberedelse + tillagningstid: 2 timmar 8 minuter | Portioner: 3

Råmaterial:

1 pund fläskfilé

1 dl grönsaksbuljong

2 vitlöksklyftor, hackade

1 tsk vitlökspulver

3 tsk olivolja

Salt och svartpeppar efter smak

Instruktioner:

Förbered ett vattenbad, placera Sous Vide i det och ställ in på 136 F.

Skölj köttet väl och torka av det med hushållspapper. Gnid in med vitlökspulver, salt och svartpeppar. Lägg i en stor återförslutningsbar påse tillsammans med buljong och hackad vitlök. Stäng påsen och sänk ned i vattenbadet. Koka i 2 timmar. Ta bort länden ur påsen och torka med hushållspapper.

Hetta upp olja i en stor panna. Bryn filén i 2-3 minuter på varje sida. Skär fläsket i skivor, arrangera på en tallrik och lägg sedan pannsaft ovanpå. Tjäna.

Smakrik timjan och vitlök fläskfilé

Förberedelse + tillagningstid: 2 timmar 25 minuter | Portioner: 8

Råmaterial

2 msk smör

1 msk lökpulver

1 msk mald spiskummin

1 msk koriander

1 msk torkad rosmarin

Salt att smaka

1 (3 pund) fläskfilé, utan skinn

1 msk olivolja

Instruktioner

Förbered ett vattenbad och placera Sous Vide i det. Ställ in på 140F.

Blanda lökpulver, spiskummin, vitlökspulver, rosmarin och limesalt. Pensla fläsket först med olivolja och salt, sedan med lökblandningen.

Lägg i en lufttät påse. Släpp ut luften med hjälp av vattenförträngningsmetoden, förslut och sänk ned påsen i vattenbadet. Koka i 2 timmar.

När timern stannar tar du bort fläsket och torkar det med en kökshandduk. Kasta matlagningsjuicer. Hetta upp smör i en panna på hög värme och stek fläsket i 3-4 minuter tills det är brunt på alla sidor. Låt svalna i 5 minuter och skär i medaljonger.

Fläskkotletter med svampsås

Förberedelse + tillagningstid: 1 timme 10 minuter | Portioner: 3

Råmaterial:

3 (8 oz) fläskkotletter

Salt och svartpeppar efter smak

3 msk smör, osaltat

6 oz svamp

½ dl nötbuljong

2 msk Worcestershiresås

3 msk vitlök, hackad till garnering

Instruktioner:

Förbered ett vattenbad, lägg Sous Vide i det och ställ in på 140 F. Gnid fläskkotletter med salt och peppar och lägg i en vakuumpåse. Släpp ut luften med hjälp av vattenförträngningsmetoden, förslut och sänk ned påsen i vattenbadet. Ställ in timern på 55 minuter.

När timern stannar, ta bort och förslut påsen. Ta bort fläsket och torka torrt med hushållspapper. Kasta saften. Sätt en kastrull på medelhög värme och tillsätt 1 msk smör. Stek fläsk i 2 minuter på båda sidor. Avsätta. Med pannan fortfarande över värme, tillsätt svampen och koka i 5 minuter. Stäng av värmen, tillsätt resten av smöret och rör tills smöret smält. Krydda med peppar och salt. Servera fläskkotletter med svampsås på toppen.

Söta äppelkorvar

Förberedelse + tillagningstid: 55 minuter | Portioner: 4

Råmaterial

¾ tsk olivolja
4 italienska korvar
4 msk äppeljuice

Instruktioner

Förbered ett vattenbad och placera Sous Vide i det. Ställ in på 162F.

Lägg korvarna och 1 msk äppelcider per korv i en återförslutningsbar påse. Släpp ut luften med hjälp av vattenförträngningsmetoden, förslut och sänk ned påsen i ett vattenbad. Koka i 45 minuter.

Hetta upp olja i en panna på medelvärme. När timern stannar, ta bort korvarna och lägg i pannan och koka i 3-4 minuter tills de fått färg.

Sweet Orange Pork Tacos

Förberedelse + tillagningstid: 7 timmar 10 minuter | Portioner: 8

Råmaterial

½ kopp apelsinjuice

4 msk honung

2 msk färsk vitlök, hackad

2 msk färsk ingefära, finhackad

2 msk Worcestershiresås

2 tsk hoisinsås

2 tsk srirachasås

Skal av ½ apelsin

1 pund fläskaxel

8 mjöltortillas, varma

½ kopp hackad färsk koriander

1 lime, skuren i klyftor

Instruktioner

Förbered ett vattenbad och placera Sous Vide i det. Ställ in på 175F.

Blanda apelsinjuicen, 3 matskedar honung, vitlök, ingefära, worcestershiresås, hoisinsås, sriracha och apelsinskal väl.

Lägg fläsket i en återförslutningsbar påse och tillsätt apelsinsåsen. Släpp ut luften med hjälp av vattenförträngningsmetoden, förslut och sänk ned påsen i vattenbadet. Koka i 7 timmar.

När timern stannar, ta bort fläsket och lägg på en plåt. Beställ matlagningsjuicer.

Hetta upp en kastrull på medelvärme och häll i saften med resterande honung. Koka i 5 minuter tills det bubblar och reduceras till hälften. Pensla fläsket med såsen. Fyll tortillorna med fläsk. Garnera med koriander och toppa med resterande sås till servering.

Mexikansk fläsk Carnitas med Salsa Roja

Förberedelse + tillagningstid: 49 timmar 40 minuter | Portioner: 8

Råmaterial

3 msk olivolja

2 msk röd paprikaflingor

Salt att smaka

2 tsk varmt mexikanskt chilipulver

2 tsk torkad oregano

½ tsk mald kanel

2¼ pund benfri fläskaxel

4 små mogna tomater, tärnade

¼ rödlök, skivad

¼ kopp korianderblad, hackade

Färskpressad citronsaft

8 majstortillas

Instruktioner

Blanda väl rödpepparflingorna, koshersaltet, hett mexikanskt chilipulver, oregano och kanel. Pensla chiliblandningen över fläsket och täck med aluminiumfolie. Låt svalna i 1 timme.

Förbered ett vattenbad och placera Sous Vide i det. Ställ in på 159 F. Lägg fläsket i en vakuumförseglad påse. Släpp ut luften med vattenöverföringsmetoden, förslut och sänk ned i vattenbadet. Koka i 48 timmar. 15 minuter innan slutet, blanda i tomater, lök och koriander. Tillsätt citronsaft och salt.

När timern stannar, ta bort påsen och överför fläsket till en skärbräda. Kasta matlagningsjuicer. Dra i köttet tills det är strimlat. Värm vegetabilisk olja i en panna på medelvärme och koka strimlat fläsk tills det är knaprigt och knaprigt. Fyll tortillan med fläsk. Toppa med salsa roja och servera.

Chili kyckling och chorizo tacos med ost

Förberedelse + tillagningstid: 3 timmar 25 minuter | Portioner: 8

Råmaterial

2 fläskkorvar, tarmar borttagna

1 poblanopeppar, härdad och kärnad

½ jalapeñopeppar, härdad och kärnad

4 lökar, hackade

1 knippe färska korianderblad

½ kopp hackad färsk persilja

3 vitlöksklyftor

2 msk limejuice

1 tsk salt

¾ tesked mald koriander

¾ tesked mald spiskummin

4 skinnfria, benfria kycklingbröst, skurna i skivor

1 msk vegetabilisk olja

½ gul lök, tunt skivad

8 majs tacoskal

3 msk Provolone ost

1 tomat

1 ishall, riven

Instruktioner

Häll ½ dl vatten, poblanopeppar, jalapeñopeppar, lök, koriander, persilja, vitlök, limejuice, salt, koriander och spiskummin i en mixer och mixa tills det är slätt. Lägg kycklingstrimlorna och pepparblandningen i en återförslutbar påse. Ställ in i kylen och låt svalna i 1 timme.

Förbered ett vattenbad och placera Sous Vide i det. Ställ in på 141 F. Placera kycklingblandningen i badet. Koka i 1 timme och 30 minuter.

Hetta upp olja i en panna på medelvärme och fräs löken i 3 minuter. Tillsätt chorizon och koka i 5-7 minuter. När timern stannar, ta bort kycklingen. Kasta matlagningsjuicer. Tillsätt kycklingen och blanda väl. Fyll tortillorna med kyckling-chorizoblandningen. Toppa med ost, tomater och kål. Tjäna.

Kyckling med grönsaker

Förberedelse + tillagningstid: 2 timmar 15 minuter | Portioner: 2

Råmaterial:

1 pund kycklingbröst, ben- och skinnfria

1 dl röd paprika, skivad

1 kopp grön paprika, skivad

1 kopp zucchini, skivad

½ dl lök, finhackad

1 dl blomkålsbuketter

½ dl färskpressad citronsaft

½ dl kycklingfond

½ tsk mald ingefära

1 tsk rosa Himalayasalt

Instruktioner:

Blanda citronsaft med kycklingfond, ingefära och salt i en skål. Rör om väl och tillsätt hackade grönsaker. Avsätta. Skölj kycklingbrösten väl under kallt rinnande vatten. Använd en vass skalkniv för att skära köttet i lagom stora bitar.

Blanda med övriga ingredienser och rör om väl. Överför till en stor återförslutningsbar påse och förslut. Koka en Sous Vide i 2 timmar vid 167 F. Servera omedelbart.

Lätt kryddig honungskyckling

Förberedelse + tillagningstid: 1 timme 45 minuter | Portioner: 4

Råmaterial

8 msk smör

8 vitlöksklyftor, hackade

6 msk chilisås

1 tsk spiskummin

4 msk honung

Saften av 1 lime

Salt och svartpeppar efter smak

4 benfria, skinnfria kycklingbröst

Instruktioner

Förbered ett vattenbad och placera Sous Vide i det. Ställ in på 141 F.

Hetta upp en gryta på medelvärme och tillsätt smör, vitlök, spiskummin, chilisås, socker, limesaft och lite salt och peppar. Koka i 5 minuter. Ställ åt sidan och låt svalna.

Blanda kycklingen med salt och peppar och lägg den i 4 vakuumförslutbara påsar med marinaden. Släpp ut luften med hjälp av vattenöverföringsmetoden, förslut och sänk ned påsarna i vattenbadet. Koka i 1 timme och 30 minuter.

När timern stannar tar du bort kycklingen och torkar den med en kökshandduk. Spara hälften av matlagningsjuicerna från varje påse och lägg i en kastrull på medelvärme. Koka tills såsen puttrar, tillsätt sedan kycklingen och koka i 4 minuter. Ta ut kycklingen och skär i skivor. Servera med ris.

Klassisk kyckling Cordon Bleu

Förberedelse + tillagningstid: 1 timme 50 minuter + nedkylningstid | Portioner: 4

Råmaterial

½ kopp smör

4 benfria, skinnfria kycklingbröst

Salt och svartpeppar efter smak

1 tsk cayennepeppar

4 vitlöksklyftor, hackade

8 skivor skinka

8 skivor emmentalerost

Instruktioner

Förbered ett vattenbad och placera Sous Vide i det. Ställ in på 141 F. Krydda kycklingen med salt och peppar. Täck med plastfolie och rulla. Ställ åt sidan och låt svalna.

Värm en gryta på medelvärme och tillsätt lite svartpeppar, cayennepeppar, 1/4 dl smör och vitlök. Koka tills smöret smält. Överför till en skål.

Gnid in kycklingen på ena sidan med smörblandningen. Lägg sedan 2 skivor skinka och 2 skivor ost och täck. Rulla varje bröst med plastfolie och ställ i kylen i 2-3 timmar eller i frysen i 20-30 minuter.

Lägg bröstet i två vakuumförslutbara påsar. Släpp ut luften med hjälp av vattenöverföringsmetoden, förslut och sänk ned påsarna i vattenbadet. Koka i 1 timme och 30 minuter.

När timern stannar, ta bort brösten och dra bort plasten. Hetta upp resten av smöret i en panna på medelvärme och stek kycklingen 1-2 minuter per sida.

Krispig hemlagad stekt kyckling

Förberedelse + tillagningstid: 3 timmar 20 minuter | Portioner: 8)

Råmaterial

½ msk torkad basilika

2¼ koppar gräddfil

8 kycklingbröst

Salt och vitpeppar efter smak

½ kopp vegetabilisk olja

3 koppar mjöl

2 msk vitlökspulver

1 ½ msk cayennepepparpulver

1 msk torkad senap

Instruktioner

Förbered ett vattenbad och placera Sous Vide i det. Ställ in på 156 F. Krydda med kycklingsalt och lägg i en vakuumpåse. Släpp ut luften med vattenöverföringsmetoden, förslut och sänk ned i vattenbadet. Koka i 3 timmar. När timern stannar tar du bort kycklingen och torkar den med en kökshandduk.

Blanda salt, mjöl, vitlökspulver, vitpeppar, cayennerödpepparpulver, senap, vitpeppar och basilika i en skål. Lägg gräddfilen i en annan skål.

Doppa kycklingen i mjölblandningen, sedan i gräddfilen och igen i mjölblandningen. Hetta upp olja i en panna på medelvärme. Lägg i pinnen och koka i 3-4 minuter tills de blir krispiga. Tjäna.

Kryddat kycklingbröst

Förberedelse + tillagningstid: 1 timme 40 minuter | Portioner: 4

Råmaterial

½ kopp chilisås

2 msk smör

1 msk vit vinäger

1 msk champagnevinäger

4 kycklingbröst, halverade

Salt och svartpeppar efter smak

Instruktioner

Förbered ett vattenbad och placera Sous Vide i det. Ställ in på 141 F.

Värm en gryta på medelvärme och blanda ihop chilisåsen, 1 msk smör och vinäger. Koka tills smöret smält. Avsätta.

Krydda kycklingen med salt och peppar och lägg i två återförslutbara påsar med chiliblandningen. Släpp ut luften med hjälp av vattenöverföringsmetoden, förslut och sänk ned påsarna i vattenbadet. Koka i 1 timme och 30 minuter.

När timern stannar, ta bort kycklingen och lägg på en plåt. Kasta matlagningsjuicer. Hetta upp resten av smöret i en panna på hög värme och stek kycklingen 1 minut per sida. Skär i strimlor. Servera med sallad.

Smakrik salladswrap med ingefära-chili kyckling

Förberedelse + tillagningstid: 1 timme 45 minuter | Portioner: 5

Råmaterial

½ kopp hoisinsås

½ kopp sweet chilisås

3 msk sojasås

2 msk riven ingefära

2 msk mald ingefära

1 msk farinsocker

2 vitlöksklyftor, hackade

Saften av 1 lime

4 kycklingbröst, tärnade

Salt och svartpeppar efter smak

12 salladsblad, sköljda

⅛ kopp vallmofrön

4 gräslök

Instruktioner

Förbered ett vattenbad och placera Sous Vide i det. Ställ in på 141 F. Blanda chilisås, ingefära, sojasås, farinsocker, vitlök och hälften av limejuicen. Värm en kastrull på medelvärme och häll i blandningen. Koka i 5 minuter. Avsätta.

Krydda brösten med salt och peppar. Lägg dem i ett jämnt lager i en vakuumpåse med chilisåsblandningen. Släpp ut luften med hjälp av vattenförträngningsmetoden, förslut och sänk ned påsen i vattenbadet. Koka i 1 timme och 30 minuter.

När timern stannar tar du bort kycklingen och torkar den med en kökshandduk. Kasta matlagningsjuicer. Blanda hoisinsåsen med kycklingbitarna och blanda väl. Gör högar av 6 salladsblad.

Dela kycklingen mellan salladsblad och toppa med vallmofrön och gräslök innan du slår in.

Aromatisk citron kycklingbröst

Förberedelse + tillagningstid: 1 timme 50 minuter | Portioner: 4

Råmaterial

3 msk smör

4 benfria kycklingbröst utan skinn

Salt och svartpeppar efter smak

Skal och saft av 1 citron

¼ kopp tung grädde

2 msk kycklingfond

1 msk hackade färska salviablad

1 msk olivolja

3 vitlöksklyftor, hackade

1/4 kopp rödlök, hackad

1 stor citron, tunt skivad

Instruktioner

Förbered ett vattenbad och placera Sous Vide i det. Ställ in på 141 F. Krydda bringan med salt och peppar.

Hetta upp en kastrull på medelvärme och kombinera citronsaft och skal, tjock grädde, 2 matskedar smör, kycklingfond, salvia, olivolja, vitlök och rödlök. Koka tills smöret har smält. Lägg brösten i 2 vakuumförslutna påsar med citron-smörblandningen. Lägg till citronskivor. Släpp ut luften med hjälp av vattenöverföringsmetoden, försegla och sänk ned påsarna i badet. Koka i 90 minuter.

När timern stannar tar du bort brösten och torkar dem med en kökshandduk. Kasta matlagningsjuicerna. Hetta upp resten av smöret i en panna och stek brösten 1 minut per sida. Skär brösten i strimlor. Servera med ris.

Senap & vitlökskyckling

Förberedelse + tillagningstid: 60 minuter | Portioner: 5

Råmaterial:

17 uns kycklingbröst

1 msk dijonsenap

2 msk senapspulver

2 tsk ketchup

3 msk smör

1 tsk salt

3 tsk finhackad vitlök

¼ kopp sojasås

Instruktioner:

Förbered ett vattenbad och placera Sous Vide i det. Ställ in på 150 F. Lägg alla ingredienser i en vakuumpåse och skaka för att kombinera. Släpp ut luften med hjälp av vattenförträngningsmetoden, förslut och sänk ned påsen i ett vattenbad. Ställ in timern på 50 minuter. När timern stannar, ta bort kycklingen och skiva. Servera varm.

Hel kyckling

Förberedelse + tillagningstid: 6 timmar 40 minuter | Portioner: 6

Råmaterial:

1 medelstor hel kyckling
3 vitlöksklyftor
3 uns hackade selleristjälkar
3 msk senap
Salt och svartpeppar efter smak
1 msk smör

Instruktioner:

Förbered ett vattenbad och placera Sous Vide i det. Ställ in på 150 F. Kombinera alla ingredienser i en vakuumpåse. Släpp ut luften med hjälp av vattenförträngningsmetoden, förslut och sänk ned påsen i ett bad. Ställ in timern på 6 timmar och 30 minuter. När den är klar, låt kycklingen svalna något innan du skär den.

Läckra kycklingvingar med buffelsås

Förberedelse + tillagningstid: 3 timmar | Portioner: 3

Råmaterial

3 pund capon kycklingvingar
2½ dl buffelsås
1 knippe färsk persilja

Instruktioner

Förbered ett vattenbad och placera Sous Vide i det. Ställ in på 148F.

Krydda kapongvingarna med salt och peppar. Lägg den i en vakuumpåse med 2 koppar buffelsås. Släpp ut luften med hjälp av vattenförträngningsmetoden, förslut och sänk ned påsen i vattenbadet. Koka i 2 timmar. Värm ugnen för att steka.

När timern stannar, ta bort vingarna och lägg i en skål. Häll på resten av buffelsåsen och blanda väl. Lägg över vingarna på en bakplåt med aluminiumfolie och täck med resten av såsen. Grädda i 10 minuter, vänd minst en gång. Garnera med persilja.

Läckra kycklinglår med lime-söt sås

Förberedelse + tillagningstid: 14 timmar 30 minuter | Portioner: 8

Råmaterial

¼ kopp olivolja

12 kycklinglår

4 röda paprikor, hackade

6 vårlökar, hackade

4 vitlöksklyftor, hackade

1 oz färsk ingefära, hackad

½ kopp Worcestershiresås

¼ kopp limejuice

2 msk limeskal

2 matskedar socker

2 msk färska timjanblad

1 msk peppar

Salt och svartpeppar efter smak

1 tsk mald muskotnöt

Instruktioner

Lägg paprika, lök, vitlök, ingefära, worcestershiresås, olivolja, limejuice och skal, socker, timjan, peppar, salt, svartpeppar och muskotnöt i en matberedare. och blanda ihop. Reservera 1/4 kopp sås.

Lägg kycklingen och limesåsen i en återförslutbar påse. Släpp ut luften med vattenöverföringsmetoden. Ställ in i kylen och låt marinera i 12 timmar.

Förbered ett vattenbad och placera Sous Vide i det. Ställ in på 152 F. Förslut och sänk påsen i vattenbadet. Koka i 2 timmar. När timern stannar tar du bort kycklingen och torkar den med en kökshandduk. Kasta matlagningsjuicerna. Pensla kycklingen med den reserverade limesåsen. Hetta upp en panna på hög värme och stek kycklingen i 30 sekunder per sida.

Kycklingbröst med Cajunsås

Förberedelse + tillagningstid: 1 timme 55 minuter | Portioner: 4

Råmaterial

2 msk smör
4 benfria kycklingbröst utan skinn
Salt och svartpeppar efter smak
1 tsk spiskummin
½ kopp Cajun kycklingmarinad

Instruktioner

Förbered ett vattenbad och placera Sous Vide i det. Ställ in på 141 F. Krydda bringan med salt och peppar och lägg i två vakuumförslutbara påsar med cajunsåsen. Släpp ut luften med hjälp av vattenöverföringsmetoden, förslut och sänk ned påsarna i vattenbadet. Koka i 1 timme och 30 minuter.

När timern stannar tar du bort kycklingen och torkar den. Kasta matlagningsjuicer. Hetta upp smör i en panna på hög värme och stek bringan i 1 minut per sida. Skär brösten och servera.

Sriracha kycklingbröst

Förberedelse + tillagningstid: 1 timme 55 minuter | Portioner: 4

Råmaterial

8 msk smör, skuret i tärningar
1 pund benfria kycklingbröst utan skinn
Salt och svartpeppar efter smak
1 tsk muskotnöt
1½ dl srirachasås

Instruktioner

Förbered ett vattenbad och placera Sous Vide i det. Ställ in på 141 F.

Krydda brösten med salt, muskotnöt och peppar och. lägg i två vakuumförslutbara påsar med srirachasås. Släpp ut luften med hjälp av vattenöverföringsmetoden, förslut och sänk ned påsarna i vattenbadet. Koka i 1 timme och 30 minuter.

När timern stannar tar du bort kycklingen och torkar den med en kökshandduk. Kasta matlagningsjuicerna. Hetta upp smör i en panna på hög värme och stek brösten 1 minut per sida. Skär brösten i små bitar.

Kycklingpersilja med currysås

Förberedelse + tillagningstid: 2 timmar 35 minuter | Portioner: 4

Råmaterial

4 benfria kycklingbröst utan skinn
Salt och svartpeppar efter smak
1 msk timjan
1 msk persilja
5 dl smör currysås

Instruktioner

Förbered ett vattenbad och placera Sous Vide i det. Ställ in på 141 F.

Krydda kycklingen med salt, timjan, persilja och peppar. Lägg i två vakuumförslutbara påsar med såsen. Släpp ut luften med hjälp av vattenöverföringsmetoden, förslut och sänk ned påsarna i vattenbadet. Koka i 1 timme och 30 minuter.

När timern stannar tar du bort kycklingen och torkar den med en kökshandduk. Spara matlagningsjuicerna. Värm en kastrull på hög värme och häll i saften. Koka i 10 minuter tills den är reducerad. Skär kycklingen i bitar och lägg i såsen. Koka i 2-3 minuter. Servera omedelbart.

Parmesan kycklingbröst

Förberedelse + tillagningstid: 65 minuter | Portioner: 4

Råmaterial:

2 kycklingbröst, utan skinn och ben
1 ½ dl basilikapesto
½ kopp macadamianötter, malda
¼ kopp parmesanost, riven
3 msk olivolja

Instruktioner:

Förbered ett vattenbad, placera Sous Vide i det och ställ in på 65 F. Skär kycklingen i lagom stora bitar och täck med pesto. Lägg kycklingen platt i två separata vakuumpåsar utan att överlappa dem.

Släpp ut luften med vattenöverföringsmetoden och förslut påsarna. Doppa dem i vattenbadet och ställ in timern på 50 minuter. När timern stannar, ta bort och förslut påsarna.

Lägg över kycklingbitarna till en tallrik utan saft. Strö över macadamianötter och ost och täck väl. Sätt en kastrull på hög värme, tillsätt olivolja. När oljan är varm, stek snabbt den belagda kycklingen i 1 minut runt om. Häll av fettet. Servera som förrätt.

Mal kyckling med tomater

Förberedelse + tillagningstid: 100 minuter | Portioner: 4

Råmaterial:

1 pund mald kyckling

2 msk tomatpuré

¼ dl kycklingfond

¼ kopp tomatjuice

1 msk vitt socker

1 tsk timjan

1 msk lökpulver

½ tsk oregano

Instruktioner:

Förbered ett vattenbad och placera Sous Vide i det. Ställ in på 147F.

Vispa ihop alla ingredienser utom kycklingen i en gryta. Koka på medelvärme i 2 minuter. Överför till en återförslutningsbar påse. Släpp ut luften med hjälp av vattenförträngningsmetoden, förslut och sänk ned påsen i ett bad. Koka i 80 minuter. När du är klar, ta bort påsen och skiva. Servera varm.

Kycklinggryta med svamp

Förberedelse + tillagningstid: 1 timme 5 minuter | Portioner: 2

Råmaterial:

2 medelstora kycklinglår, utan skinn

½ dl eldrostade tomater, tärnade

½ dl kycklingfond

1 msk tomatpuré

½ dl knappsvamp, hackad

1 medelstor selleristjälk

1 liten morot, hackad

1 liten lök, hackad

1 msk färsk basilika, finhackad

1 vitlöksklyfta, pressad

Salt och svartpeppar efter smak

Instruktioner:

Gör ett vattenbad, lägg i Sous Vide och ställ in på 129 F. Gnid in låren med salt och peppar. Avsätta. Hacka selleristjälken i halv tum långa bitar.

Lägg nu köttet i en stor återförslutningsbar påse tillsammans med löken, moroten, champinjonerna, stjälksellerin och de eldrostade tomaterna. Sänk ned den förseglade påsen i vattenbadet och ställ in timern på 45 minuter.

När timern stannar, ta bort påsen från vattenbadet och öppna den. Köttet ska lätt falla av benen, så ta bort benen.

Hetta upp lite olja i en medelstor kastrull och tillsätt vitlök. Stek kort i cirka 3 minuter under konstant omrörning. Tillsätt påsens innehåll, kycklingfond och tomatpuré. Koka upp och sänk värmen till medel. Koka i ytterligare 5 minuter, rör om då och då. Servera beströdd med basilika.

Det enklaste kycklingbröstet utan att brynts

Förberedelse + tillagningstid: 75 minuter | Portioner: 3

Råmaterial:

1 pund kycklingbröst, benfria
Salt och svartpeppar efter smak
1 tsk vitlökspulver

Instruktioner:

Gör ett vattenbad, lägg i Sous Vide och ställ in den på 150 F. Torka av kycklingbrösten och smaka av med salt, vitlökspulver och peppar. Lägg kycklingen i en vakuumpåse, släpp ut luften med vattenöverföringsmetoden och förslut den.

Häll i vattnet och ställ in timern på att koka i 1 timme. När timern stannar, ta bort och förslut påsen. Ta bort kycklingen och låt svalna för senare användning.

Orange kycklinglår

Förberedelse + tillagningstid: 2 timmar | Portioner: 4

Råmaterial:

2 pund kycklinglår
2 små chilipeppar, fint hackade
1 dl kycklingfond
1 lök, hackad
½ dl färskpressad apelsinjuice
1 tsk apelsinextrakt, flytande
2 msk vegetabilisk olja
1 tsk grillkrydda mix
Färsk persilja till garnering

Instruktioner:

Gör ett vattenbad, lägg i Sous Vide och ställ in på 167 F.

Hetta upp olivolja i en stor gryta. Tillsätt hackad lök och rör i 3 minuter, på medelvärme, tills den är genomskinlig.

Kombinera apelsinjuicen med chilipeppar och apelsinskal i en matberedare. Pulsera tills det är väl blandat. Häll blandningen i en kastrull och sänk värmen. Sjud i 10 minuter.

Klä kycklingen med grillblandningen och lägg i en kastrull. Tillsätt kycklingfond och koka tills hälften av vätskan har avdunstat. Ta bort till en stor återförslutningsbar påse och förslut. Sänk påsen i vattenbadet och koka i 45 minuter. När timern stannar, ta bort påsen från vattenbadet och öppna den. Garnera med färsk persilja och servera.

Timjankyckling med citron

Förberedelse + tillagningstid: 2 timmar 15 minuter | Portioner: 3

Råmaterial:

3 kycklinglår
Salt och svartpeppar efter smak
3 skivor citron
3 kvistar timjan
3 msk olivolja till stekning

Instruktioner:

Gör ett vattenbad, lägg i Sous Vide och ställ in på 165 F. Krydda kycklingen med salt och peppar. Toppa med citronskivor och timjankvistar. Placera dem i en vakuumpåse, släpp ut luften med hjälp av vattenförträngningsmetoden och förslut påsen. Sänk ned i vattenpåsen och ställ in timern på 2 timmar.

När timern stannar, ta bort och förslut påsen. Hetta upp olivolja i en gjutjärnspanna på hög värme. Lägg kycklinglåren med skinnsidan nedåt i en panna och stek tills de är gyllenbruna. Garnera med extra citronklyftor. Servera med en sida av cauliris.

Peppar Kycklingsallad

Förberedelse + tillagningstid: 1 timme 15 minuter | Portioner: 4

Råmaterial:

4 kycklingbröst, ben- och skinnfria

¼ kopp vegetabilisk olja plus tre matskedar för sallad

1 medelstor lök, skalad och finhackad

6 körsbärstomater, halverade

Salt och svartpeppar efter smak

1 dl sallad, finhackad

2 matskedar färskpressad citronsaft

Instruktioner:

Gör ett vattenbad, lägg i Sous Vide och ställ in på 149 F.

Skölj köttet noga under kallt vatten och torka av det med hushållspapper. Skär köttet i lagom stora bitar och lägg i en vakuumförseglad påse tillsammans med ¼ kopp olja och förslut. Sänk påsen i vattenbadet. När timern stannar, ta ut kycklingen ur påsen, torka torrt och svalna till rumstemperatur.

Blanda lök, tomater och sallad i en stor skål. Till sist tillsätts kycklingbröstet och smaksätts med tre matskedar olja, citronsaft och lite salt efter smak. Toppa med grekisk yoghurt och oliver. Det är dock valfritt. Servera kall.

Hel kyckling

Förberedelse + tillagningstid: 7 timmar 15 minuter | Portioner: 6

Råmaterial:

1 (5 lb) hel kyckling, fylld

5 dl kycklingfond

3 dl blandad paprika, tärnad

3 dl selleri, tärnad

3 dl purjolök, tärnad

1 ¼ tsk salt

1 ¼ tsk svartpepparkorn

2 lagerblad

Instruktioner:

Gör ett vattenbad, lägg i Sous Vide och ställ in på 150 F. Krydda kycklingen med salt.

Lägg alla listade ingredienser och kycklingen i en stor återförslutningsbar påse. Släpp ut luften med vattenöverföringsmetoden och förslut vakuumpåsen. Släpp ner i ett vattenbad och ställ in timern på 7 timmar.

Täck vattnet med en plastpåse för att minska avdunstning och vatten varannan timme för badet. När timern stannar, ta bort och förslut påsen. Förvärm kålen, ta försiktigt bort kycklingen och torka den. Lägg kycklingen i grillen och stek tills skinnet är gyllenbrunt. Låt kycklingen vila i 8 minuter, skiva och servera.

Enkla kryddade kycklinglår

Förberedelse + tillagningstid: 2 timmar 55 minuter | Portioner: 6

Råmaterial:

1 pund kycklinglår, med ben
3 msk smör
1 msk cayennepeppar
Salt att smaka

Instruktioner:

Gör ett vattenbad, lägg i Sous Vide och ställ in på 165 F. Krydda kycklingen med peppar och salt. Lägg kycklingen med en matsked smör i en vakuumpåse. Släpp ut luften med hjälp av vattenförträngningsmetoden, förslut och sänk ned påsen i vattenbadet. Ställ in timern på 2 timmar och 30 minuter.

När timern stannar, ta bort påsen och öppna den. Värm grillen och smält resten av smöret i mikron. Smörj grillgallret med lite av smöret och pensla kycklingen med resten av smöret. Stek tills en mörkbrun färg uppnås. Servera som mellanmål.

Buffalo kycklingvingar

Förberedelse + tillagningstid: 1 timme och 20 minuter | Portioner: 6

Råmaterial:

3 pund kycklingvingar

3 teskedar salt

2 tsk finhackad vitlök

2 msk rökt paprika

1 tsk socker

½ kopp varm sås

5 msk smör

2 ½ dl mandelmjöl

Olivolja till stekning

Instruktioner:

Gör ett vattenbad, lägg i Sous Vide och ställ in på 144 F.

Blanda vingar, vitlök, salt, socker och rökt paprika. Belägg kycklingen jämnt. Placera i en rejäl vakuumpåse, släpp ut luft med hjälp av vattenförträngningsmetoden och förslut påsen.

Sjunk ner i vattnet. Ställ in timern på att laga mat i 1 timme. När timern stannar, ta bort och förslut påsen. Häll mjöl i en stor skål, tillsätt kycklingen och blanda.

Hetta upp olja i en panna på medelvärme, stek kycklingen tills den är gyllenbrun. Ta bort och ställ åt sidan. Smält smör i en annan kastrull och tillsätt den heta såsen. Skär vingarna med smör och varm sås. Servera som förrätt

Strimlade kycklingbiffar

Förberedelse + tillagningstid: 3 timmar 15 minuter | Portioner: 5

Råmaterial:

½ pund kycklingbröst, utan skinn och ben
½ kopp macadamianötter, malda
⅓ kopp olivolja majonnäs
3 salladslökar, fint hackade
2 msk citronsaft
Salt och svartpeppar efter smak
3 msk olivolja

Instruktioner:

Förbered ett vattenbad, placera Sous Vide i det och ställ in på 165 F. Placera kycklingen i en vakuumpåse, släpp ut luften med hjälp av vattenöverföringsmetoden och förslut den. Placera påsen i vattenbadet och ställ in timern på 3 timmar. När timern stannar, ta bort och förslut påsen.

Strimla kycklingen och lägg den i en skål tillsammans med allt annat utom olivoljan. Blanda jämnt och gör bakbollar. Hetta upp olivolja i en panna på medelvärme. Lägg i kakor och stek tills de är gyllenbruna på båda sidor.

Kycklinglår med morotspuré

Förberedelse + tillagningstid: 60 minuter | Portioner: 5

Råmaterial:

2 pund kycklinglår

1 dl morötter, tunt skivade

2 msk olivolja

¼ kopp finhackad lök

2 koppar kycklingbuljong

2 msk färsk persilja, finhackad

2 pressade vitlöksklyftor

Salt och svartpeppar efter smak

Instruktioner:

Gör ett vattenbad, lägg i Sous Vide och ställ in på 167 F. Tvätta kycklinglåren under kallt rinnande vatten och torka torrt med hushållspapper. Avsätta.

Blanda 1 msk olivolja, persilja, salt och peppar i en skål. Rör om väl och pensla låren generöst med blandningen. Lägg i en stor återförslutningsbar påse och tillsätt kycklingbuljong. Tryck på påsen för att ta bort luften. Förslut påsen och lägg i vattenbadet och ställ in timern på 45 minuter. När timern stannar, ta bort låren från påsen och torka dem. Spara matlagningsvätskan.

Förbered under tiden morötterna. Överför till en mixer och kör tills den är mosad. Avsätta.

Värm den återstående olivoljan i en stor stekpanna på medelvärme. Tillsätt vitlök och lök och rör i cirka 1-2 minuter, eller tills det är mjukt. Tillsätt kycklinglår och koka i 2-3 minuter, vänd då och då. Smaka av så det blir färdigt, justera krydda och tillsätt sedan fond. Koka upp och ta bort från värmen. Lägg över låren till en tallrik och toppa med morotspuré och strö över persilja.

Citronkyckling med mynta

Förberedelse + tillagningstid: 2 timmar 40 minuter | Portioner: 3

Råmaterial:

1 pund kycklinglår, ben- och skinnfria

¼ kopp olja

1 msk färskpressad citronsaft

2 vitlöksklyftor, krossade

1 tsk ingefära

½ tsk cayennepeppar

1 tsk färsk mynta, finhackad

½ tsk salt

Instruktioner:

Blanda olivolja med citronsaft, vitlök, mald ingefära, mynta, cayennepeppar och salt i en liten skål. Pensla varje lår generöst med denna blandning och ställ i kylen i minst 30 minuter.

Ta ut låren från kylen. Lägg i en stor återförslutningsbar påse och koka i 2 timmar vid 149 F. Ta bort från återförslutningsbar påse och servera omedelbart med vårlök.

Kyckling med körsbärsmarmelad

Förberedelse + tillagningstid: 4 timmar 25 minuter | Portioner: 4

Råmaterial

2 pund med ben, skinn-på kyckling
4 msk körsbärsmarmelad
2 msk mald muskotnöt
Salt och svartpeppar efter smak

Instruktioner

Förbered ett vattenbad och placera Sous Vide i det. Ställ in på 172 F. Krydda kycklingen med salt och peppar och blanda med resten av ingredienserna. Lägg i en lufttät påse. Släpp ut luften med hjälp av vattenförträngningsmetoden, förslut och sänk ned påsen i vattenbadet. Koka i 4 timmar.

När timern stannar, ta bort påsen och lägg i en ugnssäker form. Värm ugnen till 450 F. och rosta i 10 minuter tills den är knaprig. Lägg över till ett fat och servera.

Söta kryddiga kycklingstavar

Förberedelse + tillagningstid: 2 timmar 20 minuter | Portioner: 3

Råmaterial:

½ msk socker

½ kopp sojasås

2 ½ tsk ingefära, hackad

2 ½ tsk vitlök, hackad

2 ½ tsk röd chilipasta

¼ pund små kycklingbröst, utan skinn

2 msk olivolja

2 msk sesamfrön till garnering

1 rödlök, hackad till garnering

Salt och svartpeppar efter smak

Instruktioner:

Gör ett vattenbad, lägg i Sous Vide och ställ in på 165 F. Gnid in kycklingen med salt och peppar. Lägg kycklingen i en vakuumpåse, släpp ut luften med en vattenöverföringsmetod och förslut den.

Placera påsen i vattenbadet och ställ in timern på 2 timmar. När timern stannar, ta bort och förslut påsen. Blanda resten av ingredienserna förutom olivolja i en skål. Avsätta. Hetta upp olja i en panna på medelvärme, tillsätt kycklingen.

När de fått lite färg på båda sidor, tillsätt såsen och täck kycklingen. Koka i 10 minuter. Garnera med sesam och lök. Servera med en sida av blomkålsris.

Fyllda kycklingbröst

Förberedelse + tillagningstid: 1 timme 15 minuter | Portioner: 5

Råmaterial:

2 pund kycklingbröst, utan skinn och ben
2 msk färsk persilja, finhackad
2 msk färsk basilika, finhackad
1 stort ägg
½ kopp vårlök, hackad
Salt och svartpeppar efter smak
2 msk olivolja

Instruktioner:

Gör ett vattenbad, lägg i Sous Vide och ställ in den på 165 F. Tvätta kycklingbrösten noggrant och klappa dem torra med hushållspapper. Krydda med lite salt och peppar och ställ åt sidan.

Blanda ägg, persilja, basilika och vårlök i en skål. Rör om tills det är väl blandat. Lägg kycklingbrösten på en ren yta och häll äggblandningen i mitten. Vik brösten för att stänga. Placera brösten i en speciell vakuumpåse och tryck på för att ta bort luften. Stäng locket och lägg i det förberedda vattenbadet. Koka en sous vide i 1 timme. När timern stannar tar du bort kycklingbrösten. Hetta upp olja i en panna på medelvärme. Lägg i kycklingbröst och bryn i 2 minuter på varje sida.

Galen kyckling

Förberedelse + tillagningstid: 2 timmar 40 minuter | Portioner: 8

Råmaterial:

1 fem pund kyckling, hel

3 msk citronsaft

½ kopp olivolja

6 lagerblad, torkade

2 msk rosmarin, krossad

3 msk timjan, torkad

2 msk kokosolja

¼ kopp citronskal

3 vitlöksklyftor, hackade

Salt och svartpeppar efter smak

Instruktioner:

Gör ett vattenbad, lägg i Sous Vide och ställ in den på 149 F. Skölj kycklingen väl under kallt rinnande vatten och torka den med en kökshandduk. Avsätta.

Blanda olivolja med salt, citronsaft, torkade lagerblad, rosmarin och timjan i en liten skål. Fyll kycklinghålan med citronskivor och denna blandning.

Blanda kokosolja med citronskal och vitlök i en annan skål. Ta bort skinnet från kycklingen. Gnid in denna blandning under huden och lägg i en stor plastpåse. Kyl i 30 minuter. Ta ut ur kylen och lägg i en stor återförslutbar påse. Placera påsen i vattenbadet och ställ in timern på 2 timmar.

Medelhavskycklinglår

Förberedelse + tillagningstid: 1 timme 40 minuter | Portioner: 3

Råmaterial:

1 pund kycklinglår

1 kopp olivolja

½ dl färskpressad limejuice

½ dl bladpersilja, finhackad

3 vitlöksklyftor, krossade

1 msk cayennepeppar

1 tsk torkad oregano

1 tsk havssalt

Instruktioner:

Skölj köttet under kallt rinnande vatten och låt rinna av i en stor sil. Blanda olivolja med limejuice, hackad persilja, pressad vitlök, cayennepeppar, oregano och salt i en skål. Sänk filéerna i denna blandning och täck. Kyl i 30 minuter.

Ta ut köttet ur kylen och låt det rinna av. Placera i en stor förslutningsbar vakuumförslutare och koka en Sous Vide i en timme vid 167 F.

Kycklingbröst med Harissasås

Förberedelse + tillagningstid: 65 minuter | Portioner: 4

Råmaterial

1 pund kycklingbröst, tärnad
1 stjälk färskt citrongräs, hackad
2 msk fisksås
2 msk kokossocker
Salt att smaka
1 msk harissasås

Instruktioner

Förbered ett vattenbad och placera Sous Vide i det. Ställ in på 149 F. Kombinera citrongräs, fisksås, socker och salt i en mixer. Marinera kycklingen med såsen och gör brochetter. Lägg den i en vakuumförslutbar påse. Släpp ut luften med hjälp av vattenförträngningsmetoden, förslut och sänk ned påsen i vattenbadet. Koka i 45 minuter.

När timern stannar, ta bort påsen och placera den i ett kallt vattenbad. Ta ut kycklingen och vispa med harissasåsen. Hetta upp en panna på medelvärme och stek kycklingen. Tjäna.

Vitlökskyckling med svamp

Förberedelse + tillagningstid: 2 timmar 15 minuter | Portioner: 6

Råmaterial:

2 pund kycklinglår, utan skinn

1 pund cremini svamp, skivad

1 dl kycklingfond

1 vitlöksklyfta, pressad

4 msk olivolja

½ tsk lökpulver

½ tesked salviablad, torkade

¼ tesked cayennepeppar

Salt och svartpeppar efter smak

Instruktioner:

Tvätta låren noggrant under kallt rinnande vatten. Torka med hushållspapper och ställ åt sidan. Hetta upp olivoljan på medelvärme i en stor panna. Bryn båda sidorna av kycklinglåren i 2 minuter. Ta bort från pannan och ställ åt sidan.

Tillsätt nu vitlök och fräs tills den blir ljusbrun. Rör ner svampen, häll i fonden och koka tills den kokar. Ta bort från pannan och ställ åt sidan. Krydda låren med salt, peppar, cayennepeppar och lökpulver. Lägg i en stor återförslutningsbar påse tillsammans med svamp och salvia. Förslut påsen och koka en Sous Vide i 2 timmar vid 149 F.

Kycklinglår med örter

Förberedelse + tillagningstid: 4 timmar 10 minuter | Portioner: 4

Råmaterial:

1 pund kycklinglår

1 kopp extra virgin olivolja

¼ kopp äppelcidervinäger

3 vitlöksklyftor, krossade

½ dl färskpressad citronsaft

1 msk färsk basilika, hackad

2 msk färsk timjan, hackad

1 msk färsk rosmarin, hackad

1 tsk cayennepeppar

1 tsk salt

Instruktioner:

Skölj köttet under kallt rinnande vatten och lägg i ett stort durkslag för att rinna av. Avsätta.

I en stor skål, kombinera olivolja med äppelcidervinäger, vitlök, citronsaft, basilika, timjan, rosmarin, salt och cayennepeppar. Sänk låren i denna blandning och ställ i kylen i en timme. Ta bort köttet från marinaden och låt det rinna av. Lägg i en stor återförslutningsbar påse och koka en Sous Vide i 3 timmar vid 149 F.

Kycklingpudding med kronärtskockshjärtan

Förberedelse + tillagningstid: 1 timme och 30 minuter | Portioner: 3

Råmaterial:

1 pund kycklingbröst, utan ben och skinn

2 medelstora kronärtskockor

2 msk smör

2 msk extra virgin olivolja

1 citron, juice

En näve färska bladpersilja, finhackad

Salt och svartpeppar efter smak

½ tsk chilipeppar

Instruktioner:

Skölj köttet noga och torka av det med hushållspapper. Skär köttet i mindre bitar med en vass skalkniv och ta bort benen. Gnid in med olivolja och ställ åt sidan.

Hetta upp en sautépanna på medelvärme. Sänk värmen något till medel och tillsätt köttet. Koka i 3 minuter tills de är gyllene på båda sidor. Ta bort från värmen och överför till en stor återförslutningsbar påse. Förslut påsen och koka en Sous Vide i en timme vid 149 F.

Förbered under tiden kronärtskockorna. Skär citronen på mitten och pressa saften i en liten skål. Dela juicen på mitten och ställ åt sidan. Använd en vass skalkniv för att skära av de yttre bladen tills du får dem gula och möra. Skär bort det gröna ytterskalet runt kronärtskocksbotten och ånga. Se till att ta bort "håren" runt kronärtskockorna. De är oätliga så det är bara att slänga dem.

Skär kronärtskockshjärtan i halv-tums bitar. Gnid in hälften av citronsaften och lägg i en tjockbottnad gryta. Tillsätt tillräckligt med vatten för att täcka och koka tills det är helt mjukt. Ta av från värmen och låt rinna av. Kyl en stund i rumstemperatur. Skär varje bit i tunna remsor.

Blanda nu kronärtskockorna med kycklingköttet i en stor skål. Rör ner salt, peppar och resten av citronsaften. Smält smöret på medelvärme och häll över puddingen. Strö över chilipeppar och servera.

Mandel Butternut Squash & Kycklingsallad

Förberedelse + tillagningstid: 1 timme 15 minuter | Portioner: 2

Råmaterial

6 kycklingbröst

4 dl butternut squash, tärnad och rostad

4 dl rucola tomater

4 msk skivad mandel

Saften av 1 citron

2 msk olivolja

4 msk rödlök, hackad

1 msk paprika

1 msk gurkmeja

1 msk spiskummin

Salt att smaka

Instruktioner

Förbered ett vattenbad och placera Sous Vide i det. Ställ in på 138F.

Lägg kycklingen och alla kryddorna i en återförslutningsbar påse. Skaka väl. Släpp ut luften med hjälp av vattenförträngningsmetoden, förslut och sänk ned påsen i vattenbadet. Koka i 60 minuter.

När timern stannar, ta bort påsen och överför till den uppvärmda pannan. Stek i 1 minut på varje sida. Blanda resten av ingredienserna i en skål. Servera med kyckling på toppen.

Kyckling och valnötssallad

Förberedelse + tillagningstid: 2 timmar 20 minuter | Portioner: 4

Råmaterial

2 skinnfria kycklingbröst, benfria

Salt och svartpeppar efter smak

1 msk majsolja

1 äpple, urkärnat och tärnat

1 tsk limejuice

½ kopp vita druvor, halverade

1 st selleri, tärnad

1/3 kopp majonnäs

2 tsk Chardonnayvin

1 tsk dijonsenap

1 huvud Romainesallat

½ kopp valnötter, rostade och hackade

Instruktioner

Förbered ett vattenbad och placera Sous Vide i det. Ställ in på 146F.

Lägg kycklingen i en vakuumpåse och smaka av med salt och peppar. Släpp ut luften med hjälp av vattenförträngningsmetoden, förslut och sänk ned påsen i vattenbadet. Koka i 2 timmar.

När timern stannar, ta bort påsen och kassera matlagningsjuicerna. I en stor skål, släng äppelskivor med limejuice. Tillsätt selleri och vita druvor. Blanda väl.

I en annan skål, rör majonnäs, dijonsenap och chardonnayvin. Häll blandningen över frukten och blanda väl. Hacka kycklingen och lägg i en medelstor skål, smaka av med salt och blanda väl. Lägg kycklingen i salladsskålen. Lägg romainesallaten i salladsskålar och toppa med sallad. Garnera med valnötter.

Krabbkött med limesmörsås

Förberedelse + tillagningstid: 70 minuter | Portioner: 4

Råmaterial

6 vitlöksklyftor, hackade
Skal och saft av ½ lime
1 pund krabbkött
4 msk smör

Instruktioner

Förbered ett vattenbad och placera Sous Vide i det. Ställ in på 137 F. Blanda väl hälften av vitlöken, limeskalet och hälften av limesaften. Avsätta. Lägg krabbkötts-, smör- och limeblandningen i en återförslutbar påse. Släpp ut luften med hjälp av vattenförträngningsmetoden, förslut och sänk ned påsen i vattenbadet. Koka i 50 minuter. Ta bort påsen när timern stannar. Kasta matlagningsjuicerna.

Hetta upp en kastrull på medel-låg värme och häll i resterande smör, resterande limeblandning och resterande limesaft. Servera krabban i 4 ramekin, strö över limesmör.

Snabb lax från norr

Förberedelse + tillagningstid: 30 minuter | Portioner: 4

Råmaterial

1 msk olivolja

4 laxfiléer, skinn på

Salt och svartpeppar efter smak

Skal och saft av 1 citron

2 msk gul senap

2 tsk sesamolja

Instruktioner

Förbered ett vattenbad och placera Sous Vide i det. Ställ in på 114 F. Krydda laxen med salt och peppar. Blanda citronskal och saft, olja och senap. Lägg laxen i 2 vakuumförslutna påsar med senapsblandningen. Släpp ut luften med hjälp av vattenöverföringsmetoden, försegla och sänk ned påsarna i badet. Koka i 20 minuter. Hetta upp sesamolja i en panna. När timern stannar tar du bort laxen och torkar den. Lägg över laxen i pannan och stek i 30 sekunder per sida.

Smakrik öring med senap och tamarisås

Förberedelse + tillagningstid: 35 minuter | Portioner: 4

Råmaterial

¼ kopp olivolja

4 öringfiléer, skalade och skurna i skivor

½ kopp tamarisås

¼ kopp ljust farinsocker

2 vitlöksklyftor, hackade

1 msk Colemans senap

Instruktioner

Förbered ett vattenbad och placera Sous Vide i det. Ställ in på 130 F. Kombinera Tamarisås, farinsocker, olivolja och vitlök. Lägg öringen i en återförslutningsbar påse med tamariblandning. Släpp ut luften med hjälp av vattenförträngningsmetoden, förslut och sänk ned påsen i vattenbadet. Koka i 30 minuter.

När timern stannar tar du bort öringen och torkar den med en kökshandduk. Kasta matlagningsjuicerna. Garnera med tamarisås och senap till servering.

Sesam tonfisk med ingefärssås

Förberedelse + tillagningstid: 45 minuter | Portioner: 6

Råmaterial:

Tonfisk:

3 tonfiskbiffar

Salt och svartpeppar efter smak

⅓ kopp olivolja

2 msk rapsolja

½ kopp svarta sesamfrön

½ kopp vita sesamfrön

Ingefärssås:

1 tum ingefära, riven

2 schalottenlök, hackade

1 röd chili, hackad

3 msk vatten

Saften av 2½ lime

1 ½ msk risvinäger

2 ½ msk sojasås

1 msk fisksås

1 ½ msk socker

1 knippe grönsalladsblad

Instruktioner:

Börja med såsen: ställ en liten kastrull på låg värme och tillsätt olivolja. När den är uppvärmd, tillsätt ingefära och chili. Koka i 3 minuter Tillsätt socker och vinäger, rör om och koka tills sockret löst sig. Tillsätt vatten och låt koka upp. Tillsätt sojasås, fisksås och limejuice och koka i 2 minuter. Ställ åt sidan för att svalna.

Gör ett vattenbad, placera Sous Vide i den och ställ in på 110 F. Krydda tonfisken med salt och peppar och lägg i 3 separata vakuumförslutbara påsar. Tillsätt olivolja, släpp ut luft ur påsen med vattenförträngningsmetoden, förslut och sänk påsen i vattenbadet. Ställ in timern på 30 minuter.

När timern stannar, ta bort och förslut påsen. Ställ tonfisken åt sidan. Sätt en kastrull på låg värme och tillsätt rapsolja. Under uppvärmning, blanda sesamfrön i en skål. Torka tonfisken, täck dem med sesamfrön och stek topp och botten i uppvärmd olja tills fröna börjar rosta.

Skär tonfisken i tunna strimlor. Lägg upp ett serveringsfat med sallad och lägg tonfisken på salladsbädden. Servera med ingefärssås som förrätt.

Gudomliga vitlök citronkrabba rullar

Förberedelse + tillagningstid: 60 minuter | Portioner: 4

Råmaterial

4 msk smör

1 pund kokt krabbkött

2 vitlöksklyftor, hackade

Skal och saft av ½ citron

½ kopp majonnäs

1 fänkålslök, hackad

Salt och svartpeppar efter smak

4 rullar, delade, oljade och rostade

Instruktioner

Förbered ett vattenbad och placera Sous Vide i det. Ställ in på 137 F. Kombinera vitlök, citronskal och 1/4 kopp citronsaft. Lägg krabbköttet i en vakuumpåse med smör- och citronblandningen. Släpp ut luften med hjälp av vattenförträngningsmetoden, förslut och sänk ned påsen i vattenbadet. Koka i 50 minuter.

När timern stannar, ta bort påsen och lägg i en skål. Kasta matlagningsjuicerna. Blanda krabbköttet med resten av citronsaften, majonnäs, fänkål, dill, salt och peppar. Fyll rullarna med krabbköttsblandningen innan servering.

Kryddig bläckfisk med citronsås

Förberedelse + tillagningstid: 4 timmar 15 minuter | Portioner: 4

Råmaterial

5 msk olivolja

1 pund bläckfisk tentakler

Salt och svartpeppar efter smak

2 msk citronsaft

1 msk citronskal

1 msk hackad färsk persilja

1 tsk timjan

1 msk paprika

Instruktioner

Förbered ett vattenbad och placera Sous Vide i det. Ställ in på 179 F. Skär tentaklarna i medelstora längder. Krydda med salt och peppar. Lägg längderna med olivolja i en vakuumpåse. Släpp ut luften med hjälp av vattenförträngningsmetoden, förslut och sänk ned påsen i vattenbadet. Koka i 4 timmar.

När timern stannar, ta bort bläckfisken och klappa den torr med en kökshandduk. Kasta matlagningsjuicerna. Ringla över olivolja.

Hetta upp en grill på medelvärme och stek tentaklarna i 10-15 sekunder per sida. Avsätta. Blanda citronsaft, citronskal, paprika, timjan och persilja väl. Toppa bläckfisken med citrondressing.

Kreolska räkor Kabobs

Förberedelse + tillagningstid: 50 minuter | Portioner: 4

Råmaterial

Skal och saft av 1 citron

6 msk smör

2 vitlöksklyftor, hackade

Salt och vitpeppar efter smak

1 msk kreolsk krydda

1½ pounds räkor, deveirade

1 msk hackad färsk dill + till dekoration

Citronbåtar

Instruktioner

Förbered ett vattenbad och placera Sous Vide i det. Ställ in på 137F.

Smält smör i en kastrull på medelvärme och tillsätt vitlök, kreolsk krydda, citronskal och -saft, salt och peppar. Koka i 5 minuter tills smöret har smält. Ställ åt sidan och låt svalna.

Lägg räkorna i en vakuumpåse med smörblandningen. Släpp ut luften med hjälp av vattenförträngningsmetoden, förslut och sänk ned påsen i vattenbadet. Koka i 30 minuter.

När timern stannar, ta bort räkorna och torka torrt med en kökshandduk. Kasta matlagningsjuicerna. Trä upp räkorna på kabonan och garnera med dill och en klick citron till servering.

Räkor med kryddig sås

Förberedelse + tillagningstid: 40 minuter + nedkylningstid |
Portioner: 5

Råmaterial

2 pund räkor, rensade och skalade

1 kopp tomatpuré

2 msk pepparrotssås

1 tsk citronsaft

1 tsk Tabascosås

Salt och svartpeppar efter smak

Instruktioner

Förbered ett vattenbad och placera Sous Vide i det. Ställ in på 137 F. Placera räkor i en vakuumpåse. Släpp ut luften med hjälp av vattenförträngningsmetoden, förslut och sänk ned påsen i badet. Koka i 30 minuter.

När timern stannar, ta bort påsen och lägg i ett isvattenbad i 10 minuter. Låt svalna i kylen i 1-6 timmar. Blanda väl tomatpuré, pepparrotssås, sojasås, citronsaft, tabascosås, salt och peppar. Servera räkor med såsen.

Hälleflundra med schalottenlök och dragon

Förberedelse + tillagningstid: 50 minuter | Portioner: 2

Råmaterial:

2 pund hälleflundrafilé

3 kvistar dragonblad

1 tsk vitlökspulver

1 tsk lökpulver

Salt och vitpeppar efter smak

2 ½ tsk + 2 tsk smör

2 schalottenlök, skalade och halverade

2 kvistar timjan

Citronklyftor till dekoration

Instruktioner:

Gör ett vattenbad, lägg Sous Vide i det och ställ in på 124 F. Skär hälleflundrafiléer i 3 bitar vardera och gnid in med salt, vitlökspulver, lökpulver och peppar. Lägg filéerna, dragonen och 2 ½ teskedar smör i 3 separata vakuumförslutbara påsar. Släpp ut luften med vattenöverföringsmetoden och förslut påsarna. Lägg dem i vattenbadet och koka i 40 minuter.

När timern stannar, ta bort och förslut påsarna. Sätt pannan på låg värme och tillsätt resten av smöret. När de är uppvärmda, ta bort skalet från plommonen och klappa dem torra. Tillsätt hälleflundran med schalottenlök och timjan och stek botten och toppen knaprig. Garnera med citronklyftor. Servera med en sida av ångade grönsaker.

Örtsmör Citron Torsk

Förberedelse + tillagningstid: 37 minuter | Portioner: 6

Råmaterial

8 msk smör

6 torskfiléer

Salt och svartpeppar efter smak

Skal av ½ citron

1 msk hackad färsk dill

½ msk hackad färsk gräslök

½ msk hackad färsk basilika

½ msk hackad färsk salvia

Instruktioner

Förbered ett vattenbad och placera Sous Vide i det. Ställ in på 134 F. Krydda torsken med salt och peppar. Lägg torsken och citronskalet i en vakuumpåse.

Lägg smöret, hälften av dillen, gräslöken, basilika och salvia i en separat återförslutbar påse. Släpp ut luften med hjälp av vattenförträngningsmetoden, förslut och sänk ned båda påsarna i vattenbadet. Koka i 30 minuter.

När timern stannar tar du bort torsken och torkar den med en kökshandduk. Kasta matlagningsjuicerna. Ta smöret från den andra påsen och häll över torsken. Garnera med resten av dillen.

Grouper med Beurre Nantais

Förberedelse + tillagningstid: 45 minuter | Portioner: 6

Råmaterial:

Grupperare:

2 pund grupp, skuren i 3 bitar vardera

1 tsk spiskumminpulver

½ tsk vitlökspulver

½ tsk lökpulver

½ tsk korianderpulver

¼ kopp fiskkrydda

¼ kopp pekannötsolja

Salt och vitpeppar efter smak

Beurre Blanc:

1 pund smör

2 msk äppelcidervinäger

2 schalottenlök, hackade

1 tsk pepparkorn, krossade

5 oz tung grädde,

Salt att smaka

2 kvistar dill

1 msk citronsaft

1 msk saffranspulver

Instruktioner:

Förbered ett vattenbad, placera Sous Vide i det och ställ in på 132 F. Krydda grouperbitarna med salt och vitpeppar. Lägg i en vakuumpåse, släpp ut luft med vattenöverföringsmetoden, förslut och sänk påsen i vattenbadet. Ställ in timern på 30 minuter. Blanda spiskummin, vitlök, lök, koriander och fiskkryddan. Avsätta.

Gör under tiden beurre blanc. Sätt en kastrull på medelvärme och tillsätt schalottenlök, vinäger och pepparkorn. Koka för att få sirap. Sänk värmen till låg och tillsätt smör under konstant vispning. Tillsätt dill, citronsaft och saffranspulver under konstant omrörning och låt sjuda i 2 minuter. Tillsätt grädde och smaka av med salt. Koka i 1 minut. Stäng av värmen och ställ åt sidan.

När timern stannar, ta bort och förslut påsen. Sätt pannan på medelvärme, tillsätt pekannötsolja. Torka av gropen och krydda med kryddblandningen och stek i uppvärmd olja. Servera grouper och beurre nantais med en sida av ångad spenat.

Tonfiskchips

Förberedelse + tillagningstid: 1 timme 45 minuter | Portioner: 4

Råmaterial:

¼ pund tonfiskbiff

1 tsk rosmarinblad

1 tsk timjanblad

2 koppar olivolja

1 vitlöksklyfta, hackad

Instruktioner:

Förbered ett vattenbad, placera Sous Vide i den och ställ in på 135 F. Lägg tonfiskstek, salt, rosmarin, vitlök, timjan och två matskedar olja i en vakuumpåse. Släpp ut luften med hjälp av vattenförträngningsmetoden, förslut och sänk ned påsen i vattenbadet. Ställ in timern på 1 timme och 30 minuter.

Ta bort påsen när timern stannar. Lägg tonfisken i en skål och ställ åt sidan. Sätt en kastrull på hög värme, tillsätt resten av olivoljan. När den är uppvärmd, häll över tonfisken. Flinga tonfisken med två gafflar. Överför och förvara i en lufttät behållare med olivolja i upp till en vecka. Servera i sallader.

Smörade pilgrimsmusslor

Förberedelse + tillagningstid: 55 minuter | Portioner: 3

Råmaterial:

½ pund pilgrimsmusslor
3 tsk smör (2 tsk för matlagning + 1 tsk för stekning)
Salt och svartpeppar efter smak

Instruktioner:

Gör ett vattenbad, ställ in Sous Vide i det och ställ in på 140 F. Torka kammusslor med hushållspapper. Lägg pilgrimsmusslor, salt, 2 msk smör och peppar i en vakuumpåse. Släpp ut luften med hjälp av vattenöverföringsmetoden, förslut och sänk ned påsen i vattenbadet och ställ in timern på 40 minuter.

När timern stannar, ta bort och förslut påsen. Torka av pilgrimsmusslorna med hushållspapper och ställ åt sidan. Sätt en kastrull på medelvärme och resten av smöret. När de har smält, fräs kammusslorna på båda sidor tills de är gyllenbruna. Servera med smörade grönsaker vid sidan av.

Mintiga sardiner

Förberedelse + tillagningstid: 1 timme 20 minuter | Portioner: 3

Råmaterial:

2 pund sardiner

¼ kopp olivolja

3 vitlöksklyftor, krossade

1 stor citron, färsk juice

2 kvistar färsk mynta

Salt och svartpeppar efter smak

Instruktioner:

Tvätta och rengör varje fisk, men behåll skinnet. Torka med hushållspapper.

Blanda olivolja med vitlök, citronsaft, färsk mynta, salt och peppar i en stor skål. Lägg sardinerna i en stor återförslutningsbar påse tillsammans med marinaden. Koka i vattenbad i en timme vid 104 F. Ta bort från badet och låt rinna av men reservera såsen. Bred fisk med sås och ångad purjolök.

Havslök i vitt vin

Förberedelse + tillagningstid: 2 timmar | Portioner: 2

Råmaterial:

1 pund havsabborre, ca 1 tum tjock, rengjord
1 kopp extra virgin olivolja
1 citron, juice
1 msk socker
1 msk torkad rosmarin
½ msk torkad oregano
2 vitlöksklyftor, krossade
½ kopp vitt vin
1 tsk havssalt

Instruktioner:

Kombinera olivolja med citronsaft, socker, rosmarin, oregano, pressad vitlök, vin och salt i en stor skål. Lägg fisk i denna blandning och låt marinera i en timme i kylen. Ta ut ur kylen och låt rinna av, men reservera vätskan för servering. Lägg filéerna i en stor återförslutningsbar påse och förslut. Koka en Sous Vide i 40 minuter vid 122 F. Ringla den återstående marinaden över filéerna och servera.

Lax och grönkålssallad med avokado

Förberedelse + tillagningstid: 1 timme | Portioner: 3

Råmaterial:

1 pund skinnfri laxfilé

Salt och svartpeppar efter smak

½ ekologisk citron, juice

1 msk olivolja

1 dl grönkålsblad, strimlade

½ kopp rostade morötter, skivade

½ mogen avokado, skuren i små tärningar

1 msk färsk dill

1 msk färska bladpersilja

Instruktioner:

Krydda filén med salt och peppar på båda sidor och lägg i en stor återförslutbar påse. Förslut påsen och koka en sous vide i 40 minuter vid 122 F. Ta bort laxen från vattenbadet och ställ åt sidan.

Vispa ihop citronsaft, en nypa salt och svartpeppar i en mixerskål och tillsätt olivolja gradvis under konstant vispning. Tillsätt den strimlade grönkålen och blanda så att den blir jämnt täckt med vinägretten. Tillsätt rostade morötter, avokado, dill och persilja. Blanda försiktigt för att kombinera. Lägg över i en skål och servera med lax på toppen.

Ingefära lax

Förberedelse + tillagningstid: 45 minuter | Portioner: 4

Råmaterial:

4 laxfiléer, med skinn

2 tsk sesamolja

1½ olivolja

2 msk ingefära, riven

2 matskedar socker

Instruktioner:

Gör ett vattenbad, lägg i Sous Vide och ställ in på 124F. Krydda laxen med salt och peppar. Lägg resten av ingredienserna i en skål och blanda.

Placera lax- och sockerblandningen i två vakuumförslutningsbara påsar, släpp ut luft med vattenförträngningsmetoden, förslut och sänk ned påsen i vattenbadet. Ställ in timern på 30 minuter.

När timern stannar, ta bort och förslut påsen. Sätt en kastrull på medelvärme, lägg bakplåtspapper i botten och värm upp. Tillsätt laxen, skinn ner och stek i 1 minut vardera. Servera med smörad broccoli.

Musslor i färsk limejuice

Förberedelse + tillagningstid: 40 minuter | Portioner: 2

Råmaterial:

1 pund färska musslor, urvattnade
1 medelstor lök, skalad och finhackad
Vitlöksklyftor, krossade
½ dl färskpressad limejuice
¼ kopp färsk persilja, finhackad
1 msk rosmarin, finhackad
2 msk olivolja

Instruktioner:

Lägg musslor, limejuice, vitlök, lök, persilja, rosmarin och olivolja i en stor vakuumpåse. Tillaga en Sous Vide i 30 minuter vid 122 F. Servera med en grönsallad.

Örtmarinerade tonfiskbiffar

Förberedelse + tillagningstid: 1 timme 25 minuter | Portioner: 5

Råmaterial:

2 pund tonfiskbiffar, ca 1 tum tjocka

1 tsk torkad timjan, mald

1 tsk färsk basilika, finhackad

¼ kopp finhackad schalottenlök

2 msk färsk persilja, finhackad

1 msk färsk dill, finhackad

1 tsk nyrivet citronskal

½ dl sesamfrön

4 msk olivolja

Salt och svartpeppar efter smak

Instruktioner:

Tvätta tonfiskfiléerna under kallt rinnande vatten och torka med hushållspapper. Avsätta.

Blanda timjan, basilika, schalottenlök, persilja, dill, olja, salt och peppar i en stor skål. Blanda tills de är väl blandade och blötlägg sedan biffarna i denna marinaden. Täck väl och ställ i kylen i 30 minuter.

Lägg biffarna i en stor återförslutningsbar påse tillsammans med marinaden. Tryck på påsen för att ta bort luften och försegla locket. Koka en Sous Vide i 40 minuter i 131 grader.

Ta ut biffarna ur påsen och lägg över på hushållspapper. Torka försiktigt och ta bort örterna. Hetta upp en panna på hög värme. Rulla biffarna i sesamfrön och lägg över i en kastrull. Koka i 1 minut på varje sida och ta bort från värmen.

Krabba köttbullar

Förberedelse + tillagningstid: 65 minuter | Portioner: 4

Råmaterial:

1 pund krabbkött

1 dl rödlök, finhackad

½ dl röd paprika, finhackad

2 msk chilipeppar, finhackad

1 msk bladselleri, finhackad

1 msk bladpersilja, finhackad

½ tsk dragon, finhackad

Salt och svartpeppar efter smak

4 msk olivolja

2 msk mandelmjöl

3 ägg, vispade

Instruktioner:

Hetta upp 2 msk olivolja i en panna och tillsätt löken. Rör om tills det blir genomskinligt och tillsätt hackad röd paprika och chilipeppar. Koka i 5 minuter, rör hela tiden.

Överför till en stor skål. Tillsätt krabbkött, selleri, persilja, dragon, salt, peppar, mandelmjöl och ägg. Blanda väl och forma blandningen till kakor med en diameter på 2 tum. Fördela kakorna försiktigt mellan 2 vakuumpåsar och förslut dem. Koka i sous vide i 40 minuter vid 122 F.

Värm den återstående olivoljan i en non-stick grillpanna på hög värme. Ta ut kakorna från vattenbadet och lägg över i en kastrull. Bryn kort på båda sidor i 3-4 minuter och servera.

Chili luktar

Förberedelse + tillagningstid: 1 timme 15 minuter | Portioner: 5

Råmaterial:

1 pund färsk smälta

½ dl citronsaft

3 vitlöksklyftor, krossade

1 tsk salt

1 kopp extra virgin olivolja

2 msk färsk dill, finhackad

1 msk gräslök, hackad

1 msk chilipeppar, mald

Instruktioner:

Skölj smältan under kallt rinnande vatten och låt rinna av. Avsätta.

Blanda olivolja med citronsaft, pressad vitlök, havssalt, finhackad dill, hackad gräslök och chilipeppar i en stor skål. Lägg smälta i denna blandning och täck. Kyl i 20 minuter.

Ta ut ur kylen och lägg i en stor återförslutningsbar påse tillsammans med marinaden. Koka i sous vide i 40 minuter vid 104 F. Ta bort från vattenbadet och låt rinna av men spara vätskan.

Värm en stor stekpanna över medelvärme. Tillsätt smältorna och koka kort i 3-4 minuter, vänd på dem. Ta av från värmen och överför till en tallrik. Bred ut marinaden och servera genast.

Marinerade havskattfiléer

Förberedelse + tillagningstid: 1 timme 20 minuter | Portioner: 3

Råmaterial:

1 pund havskattfilé

½ dl citronsaft

½ dl bladpersilja, finhackad

2 vitlöksklyftor, krossade

1 dl lök, finhackad

1 msk färsk dill, finhackad

1 msk färska rosmarinblad, fint hackade

2 dl färskpressad äppeljuice

2 msk dijonsenap

1 kopp extra virgin olivolja

Instruktioner:

Blanda citronsaft, bladpersilja, pressad vitlök, finhackad lök, färsk dill, rosmarin, äppeljuice, senap och olivolja i en stor skål. Vispa tills det är väl blandat. Sänk filéerna i denna blandning och täck med ett tätt lock. Kyl i 30 minuter.

Ta ut från kylen och lägg i 2 vakuumförslutbara påsar. Täck över och koka i sous vide i 40 minuter vid 122 F. Ta bort och låt rinna av; lagra vätskan. Servera med dess vätska.

Persilja räkor med citron

Förberedelse + tillagningstid: 35 minuter | Portioner: 4

Råmaterial:

12 stora räkor, skalade och deveirade

1 tsk salt

1 tsk socker

3 tsk olivolja

1 lagerblad

1 kvist persilja, hackad

2 msk citronskal

1 msk citronsaft

Instruktioner:

Förbered ett vattenbad, placera Sous Vide i det och ställ in på 156 F. Tillsätt räkor, salt och socker i en skål, blanda och låt stå i 15 minuter. Lägg räkor, lagerblad, olivolja och citronskal i en återförslutbar påse. Släpp ut luften med vattenöverföringsmetoden och täta. Sänk ned i ett bad och koka i 10 minuter. När timern stannar, ta bort påsen och öppna den. Skär räkor och ringla citronsaft över.

Sous Vide hälleflundra

Förberedelse + tillagningstid: 1 timme 20 minuter | Portioner: 4

Råmaterial:

1 pund hälleflundrafilé

3 msk olivolja

¼ kopp schalottenlök, finhackad

1 tsk nyrivet citronskal

½ tsk torkad timjan, mald

1 msk färsk persilja, finhackad

1 tsk färsk dill, finhackad

Salt och svartpeppar efter smak

Instruktioner:

Tvätta fisken under kallt rinnande vatten och torka den med hushållspapper. Skär i tunna skivor och strö över rikligt med salt och peppar. Lägg i en stor återförslutningsbar påse och tillsätt två matskedar olivolja. Krydda med schalottenlök, timjan, persilja, dill, salt och peppar.

Tryck på påsen för att ta bort luften och försegla locket. Skaka påsen för att täcka alla filéer med krydda och ställ i kylen i 30 minuter innan tillagning. Koka i sous vide i 40 minuter vid 131 F.

Ta bort påsen från vattnet och låt den svalna en stund. Lägg på hushållspapper och låt rinna av. Ta bort örterna.

Hetta upp den återstående oljan i en stor stekpanna på hög värme. Tillsätt filéer och koka i 2 minuter. Vänd på filéerna och koka i ca 35-40 sekunder, ta sedan av från värmen. Lägg tillbaka fisken på en pappershandduk och ta bort överflödigt fett. Servera omedelbart.

Citronsmörolja

Förberedelse + tillagningstid: 45 minuter | Portioner: 3

Råmaterial:

3 solpaneler

1 ½ msk osaltat smör

¼ kopp citronsaft

½ tsk citronskal

Citronpeppar efter smak

1 kvist persilja till garnering

Instruktioner:

Förbered ett vattenbad, placera Sous Vide i det och ställ in på 132 F. Torka sulan och lägg i 3 separata vakuumförslutbara påsar. Släpp ut luften med vattenöverföringsmetoden och förslut påsarna. Sänk ned i ett vattenbad och ställ in timern på 30 minuter.

Sätt en liten kastrull på medelvärme, tillsätt smör. När den smält, ta bort från värmen. Tillsätt citronsaft och citronskal och rör om.

När timern stannar, ta bort och förslut påsen. Lägg över tofufiléerna på tallrikar, ringla över smörsås och garnera med persilja. Servera med en sida av ångade gröna grönsaker.

Basilika torskgryta

Förberedelse + tillagningstid: 50 minuter | Portioner: 4

Råmaterial:

1 pund torskfilé

1 dl eldrostade tomater

1 msk basilika, torkad

1 dl fiskfond

2 msk tomatpuré

3 stjälkar selleristjälkar, fint hackade

1 morot, skivad

¼ kopp olivolja

1 lök, finhackad

½ kopp knappsvamp

Instruktioner:

Hetta upp olivolja i en stor panna på medelvärme. Tillsätt selleri, lök och morot. Rör om i 10 minuter. Ta bort från värmen och överför till en vakuumpåse tillsammans med övriga ingredienser. Koka i sous vide i 40 minuter vid 122 F.

Lätt Tilapia

Förberedelse + tillagningstid: 1 timme 10 minuter | Portioner: 3

Råmaterial

3 (4 oz) tilapiafiléer
3 msk smör
1 msk äppelcidervinäger
Salt och svartpeppar efter smak

Instruktioner:

Gör ett vattenbad, lägg i Sous Vide och ställ in på 124 F. Krydda tilapian med peppar och salt och lägg i en vakuumpåse. Släpp ut luften med vattenöverföringsmetoden och förslut påsen. Sänk ned den i vattenbadet och ställ in timern på 1 timme.

När timern stannar, ta bort och förslut påsen. Sätt en kastrull på medelvärme och tillsätt smör och vinäger. Låt koka upp under konstant omrörning för att reducera vinägern till hälften. Tillsätt tilapia och fräs något. Krydda med salt och peppar efter smak. Servera med en sida av smörade grönsaker.

Lax med sparris

Förberedelse + tillagningstid: 3 timmar 15 minuter | Portioner: 6

Råmaterial:

1 pund vild laxfilé

1 msk olivolja

1 msk torkad oregano

12 medelstora sparrisspjut

4 vitlöksklyftor

1 msk färsk persilja

Salt och svartpeppar efter smak

Instruktioner:

Krydda filén med oregano, salt och peppar på båda sidor och pensla lätt med olivolja.

Placera i en stor vakuumförslutbar behållare med övriga ingredienser. Blanda alla kryddorna i en mixerskål. Gnid blandningen jämnt på båda sidor av steken och lägg i en stor återförslutningsbar påse. Förslut påsen och koka i sous vide i 3 timmar vid 136 F.

Currymakrill

Förberedelse + tillagningstid: 55 minuter | Portioner: 3

Råmaterial:

3 makrillfiléer, huvuden borttagna
3 msk currypasta
1 msk olivolja
Salt och svartpeppar efter smak

Instruktioner:

Gör ett vattenbad, lägg i Sous Vide och ställ in på 120 F. Krydda makrillen med peppar och salt och lägg i en vakuumpåse. Släpp ut luften med hjälp av vattenförträngningsmetoden, förslut den och sänk ned den i vattenbadet och ställ in timern på 40 minuter.

När timern stannar, ta bort och förslut påsen. Sätt en kastrull på medelhög värme, tillsätt olivolja. Belägg makrillen med currypulvret (klappa inte makrillen torr)

När den är uppvärmd, tillsätt makrillen och stek tills den är gyllenbrun. Servera med en sida av ångade gröna bladgrönsaker.

Rosmarin bläckfisk

Förberedelse + tillagningstid: 1 timme och 15 minuter | Portioner: 3

Råmaterial:

1 pund färsk bläckfisk, hel
½ kopp extra virgin olivolja
1 matsked rosa Himalayasalt
1 matsked torkad rosmarin
3 vitlöksklyftor, krossade
3 körsbärstomater, halverade

Instruktioner:

Skölj varje bläckfisk noggrant under rinnande vatten. Använd en vass skalkniv, ta bort huvudena och rengör varje bläckfisk.

Blanda olivolja med salt, torkad rosmarin, körsbärstomater och pressad vitlök i en stor skål. Placera bläckfisk i denna blandning och kyl i 1 timme. Ta sedan bort och dränera. Lägg bläckfisk och körsbärstomater i en stor återförslutbar påse. Koka en sous vide i en timme vid 136 F.

Friterade citronräkor

Förberedelse + tillagningstid: 50 minuter | Portioner: 3

Råmaterial:

1 pund räkor, skalade och deveirade
3 msk olivolja
½ dl färskpressad citronsaft
1 vitlöksklyfta, pressad
1 tsk färsk rosmarin, krossad
1 tsk havssalt

Instruktioner:

Blanda olivolja med citronsaft, pressad vitlök, rosmarin och salt. Använd en köksborste, fördela blandningen över varje räka och lägg i en stor återförslutningsbar påse. Koka i sous vide i 40 minuter vid 104 F.

Octopus Grill

Förberedelse + tillagningstid: 5 timmar 20 minuter | Portioner: 3

Råmaterial:

½ pund medium bläckfisktentakler, blancherade
Salt och svartpeppar efter smak
3 tsk + 3 msk olivolja
2 tsk torkad oregano
2 kvistar färsk persilja, hackad
Is för ett isbad

Instruktioner:

Gör ett vattenbad, lägg i Sous Vide och ställ in på 171 F.

Lägg bläckfisk, salt, 3 tsk olivolja och peppar i en vakuumpåse. Släpp ut luften med hjälp av vattenförträngningsmetoden, förslut och sänk ned påsen i ett vattenbad. Ställ in en timer på 5 timmar.

När timern stannar, ta bort påsen och täck i ett isbad. Avsätta. Förvärm grillen.

När grillen är varm, överför bläckfisken till en tallrik, tillsätt 3 matskedar olivolja och gnugga. Grilla bläckfisk för att kola fint på varje sida. Garnera med bläckfisk och garnera med persilja och oregano. Servera med en söt, syrlig dipp.

Vilda laxbiffar

Förberedelse + tillagningstid: 1 timme 25 minuter | Portioner: 4

Råmaterial:

2 pund vildlaxbiffar

3 vitlöksklyftor, krossade

1 msk färsk rosmarin, finhackad

1 msk färskpressad citronsaft

1 msk färskpressad apelsinjuice

1 tsk apelsinskal

1 tsk rosa Himalayasalt

1 dl fiskfond

Instruktioner:

Blanda apelsinjuice med citronsaft, rosmarin, vitlök, apelsinskal och salt. Pensla blandningen över varje biff och ställ i kylen i 20 minuter. Överför till en stor återförslutningsbar påse och tillsätt fiskfond. Förslut påsen och koka i sous vide i 50 minuter vid 131 F.

Förvärm en stor non-stick grillpanna. Ta ut biffarna från vakuumpåsen och grilla i 3 minuter på varje sida, tills de är lätt förkolnade.

Tilapia gryta

Förberedelse + tillagningstid: 65 minuter | Portioner: 3

Råmaterial:

1 pund tilapiafiléer

½ dl lök, finhackad

1 dl morötter, fint hackade

½ dl korianderblad, fint hackade

3 vitlöksklyftor, fint hackade

1 dl grön paprika, finhackad

1 tsk italiensk kryddblandning

1 tsk cayennepeppar

½ tsk chilipeppar

1 kopp färsk tomatjuice

Salt och svartpeppar efter smak

3 msk olivolja

Instruktioner:

Värm olivolja på medelvärme. Tillsätt hackad lök och rör tills den blir genomskinlig.

Tillsätt nu paprika, morötter, vitlök, koriander, italiensk krydda, cayennepeppar, chilipeppar, salt och svartpeppar. Rör om väl och koka i ytterligare tio minuter.

Ta bort från värmen och överför till en stor återförslutningsbar påse tillsammans med tomatjuice och tilapiafiléer. Koka i sous vide i 50 minuter vid 122 F. Ta bort från vattenbadet och servera.

Smörbollar med pepparkorn

Förberedelse + tillagningstid: 1 timme 30 minuter | Portioner: 2

Råmaterial:

4 oz konserverade kockar

¼ kopp torrt vitt vin

1 tärnad selleristjälk

1 tärnad palsternacka

1 fyrkantig schalottenlök

1 lagerblad

1 msk svartpepparkorn

1 msk olivolja

8 msk smör, rumstempererat

1 msk hackad färsk persilja

2 vitlöksklyftor, hackade

Salt att smaka

1 tsk nymalen svartpeppar

¼ kopp panko ströbröd

1 baguette, skivad

Instruktioner:

Förbered ett vattenbad och placera Sous Vide i det. Ställ in på 154 F. Lägg zucchini, schalottenlök, selleri, palsternacka, vin, pepparkorn, olivolja och lagerblad i en vakuumförseglad påse. Släpp ut luften med hjälp av vattenförträngningsmetoden, förslut och sänk ned påsen i vattenbadet. Koka i 60 minuter.

Använd en mixer och häll på smör, persilja, salt, vitlök och mald peppar. Blanda på medelhastighet tills det blandas. Lägg blandningen i en plastpåse och rulla den. Ställ in i kylen och låt svalna.

När timern stannar, ta bort snigeln och grönsakerna. Kasta matlagningsjuicerna. Hetta upp en panna på hög värme. Lägg smör över kakorna, strö lite ströbröd ovanpå och koka i 3 minuter tills de smält. Servera med varma baguetteskivor.

Koriander öring

Förberedelse + tillagningstid: 60 minuter | Portioner: 4

Råmaterial:

2 pund öring, 4 stycken
5 vitlöksklyftor
1 msk havssalt
4 msk olivolja
1 dl korianderblad, fint hackade
2 msk rosmarin, finhackad
¼ kopp färskpressad citronsaft

Instruktioner:

Rensa och skölj fisken väl. Torka av med hushållspapper och gnid in med salt. Blanda vitlök med olivolja, koriander, rosmarin och citronsaft. Använd blandningen för att fylla varje fisk. Lägg i en separat vakuumpåse och förslut. Koka en Sous Vide i 45 minuter vid 131 F.

Bläckfiskringar

Förberedelse + tillagningstid: 1 timme 25 minuter | Portioner: 3

Råmaterial:

2 koppar bläckfiskringar
1 msk färsk rosmarin
Salt och svartpeppar efter smak
½ kopp olivolja

Instruktioner:

Kombinera bläckfiskringar med rosmarin, salt, peppar och olivolja i en stor ren plastpåse. Stäng påsen och skaka några gånger för att täcka ordentligt. Överför till en stor vakuumförslutbar påse och förslut påsen. Koka i sous vide i 1 timme och 10 minuter vid 131 F. Ta bort från vattenbadet och servera.

Chili räkor & avokado sallad

Förberedelse + tillagningstid: 45 minuter | Portioner: 4

Råmaterial:

1 hackad rödlök

Saften av 2 limefrukter

1 tsk olivolja

¼ tesked havssalt

⅛ tesked vitpeppar

1 pund råa räkor, skalade och deveirade

1 skivad tomat

1 tärnad avokado

1 grön chilipeppar, kärnad och tärnad

1 msk hackad koriander

Instruktioner:

Förbered ett vattenbad och placera Sous Vide i det. Ställ in på 148F.

Lägg limejuice, rödlök, havssalt, vitpeppar, olivolja och räkor i en vakuumpåse. Släpp ut luften med hjälp av vattenförträngningsmetoden, förslut och sänk ned påsen i vattenbadet. Koka i 24 minuter.

När timern stannar, ta bort påsen och lägg i ett isvattenbad i 10 minuter. Kombinera tomater, avokado, grön chili och koriander i en skål. Häll innehållet i påsen ovanpå.

Smörig röd snapper med citrussaffransås

Förberedelse + tillagningstid: 55 minuter | Portioner: 4

Råmaterial

4 stycken rengjorda röd snapper

2 msk smör

Salt och svartpeppar efter smak

Till citrussås

1 citron

1 grapefrukt

1 lime

3 apelsiner

1 tsk dijonsenap

2 msk rapsolja

1 gul lök

1 tärnad zucchini

1 tsk saffranstrådar

1 tsk hackad chilipeppar

1 msk socker

3 dl fiskfond

3 msk hackad koriander

Instruktioner

Förbered ett vattenbad och placera Sous Vide i det. Ställ in på 132 F. Krydda snapperfiléerna med salt och peppar och lägg i en vakuumförsluten påse. Släpp ut luften med hjälp av vattenförträngningsmetoden, förslut och sänk ned påsen i vattenbadet. Koka i 30 minuter.

Skala frukten och skär i tärningar. Hetta upp olja i en kastrull på medelvärme och tillsätt lök och zucchini. Stek i 2-3 minuter. Tillsätt frukt, saffran, peppar, senap och socker. Koka i 1 minut till. Rör ner fiskbuljongen och låt sjuda i 10 minuter. Garnera med koriander och ställ åt sidan. När timern stannar, ta bort fisken och lägg på en tallrik. Ringla över citrus-saffransås och servera.

Torskfilé med sesamskorpor

Förberedelse + tillagningstid: 45 minuter | Portioner: 2

Råmaterial

1 stor torskfilé

2 msk sesampasta

1½ msk farinsocker

2 msk fisksås

2 msk smör

sesamfrön

Instruktioner

Förbered ett vattenbad och placera Sous Vide i det. Ställ in på 131 F.

Blötlägg torsken med farinsocker, sesampasta och fisksåsblandningen. Lägg i en lufttät påse. Släpp ut luften med hjälp av vattenförträngningsmetoden, förslut och sänk ned påsen i vattenbadet. Koka i 30 minuter. Smält smör i en kastrull på medelvärme.

När timern stannar, ta bort torsken och lägg i en panna och stek i 1 minut. Servera på ett fat. Häll matlagningsjuice i pannan och koka tills den reducerats. Tillsätt 1 msk smör och blanda. Toppa torsken med såsen och garnera med sesamfrön. Servera med ris.

Krämig lax med spenat och senapssås

Förberedelse + tillagningstid: 55 minuter | Portioner: 2

migråmaterial

4 skinnfria laxfiléer
1 stort knippe spenat
½ kopp dijonsenap
1 kopp tung grädde
1 kopp halv-och-halv grädde
1 msk citronsaft
Salt och svartpeppar efter smak

Instruktioner

Förbered ett vattenbad och placera Sous Vide i det. Ställ in på 115 F. Lägg laxen kryddad med salt i en vakuumpåse. Släpp ut luften med hjälp av vattenförträngningsmetoden, förslut och sänk ned påsen i vattenbadet. Koka i 45 minuter.

Värm en gryta på medelvärme och koka spenaten tills den är mjuk. Sänk värmen och häll i citronsaft, peppar och salt. Fortsätt att laga mat. Värm en kastrull på medelvärme och blanda ner halv-och-halvgrädden och dijonsenapen. Sänk värmen och koka. Krydda med salt och peppar. När timern stannar, ta bort laxen och lägg på en tallrik. Bred ut med sås. Servera med spenat.

Paprikamusslor med fräsch sallad

Förberedelse + tillagningstid: 55 minuter | Portioner: 4

Råmaterial

1 pund pilgrimsmusslor

1 tsk vitlökspulver

½ tsk lökpulver

½ tsk paprika

¼ tesked cayennepeppar

Salt och svartpeppar efter smak

Sallad

3 dl majskärnor

½ pint halverade körsbärstomater

1 tärnad röd paprika

2 msk hackad färsk persilja

Klädkod

1 msk färsk basilika

1 fjärdedel av en citron

Instruktioner

Förbered ett vattenbad och placera Sous Vide i det. Ställ in på 122F.

Lägg pilgrimsmusslorna i en återförslutningsbar påse. Krydda med salt och peppar. Blanda vitlökspulver, paprika, lökpulver och cayennepeppar i en skål. Häll i. Släpp ut luften med hjälp av vattenförträngningsmetoden, förslut och sänk ned påsen i vattenbadet. Koka i 30 minuter.

Värm under tiden ugnen till 400 F. Placera majskärnor och röd paprika på en plåt. Ringla över olivolja och smaka av med salt och peppar. Koka i 5-10 minuter. Lägg över i en skål och blanda med persilja. Blanda ingredienserna till dressingen väl i en skål och häll över majskärnorna.

När timern stannar, ta bort påsen och överför till en het panna. Stek i 2 minuter på varje sida. Servera på ett fat, pilgrimsmusslor och sallad. Garnera med basilika och citronklyftor.

Saucy pilgrimsmusslor med mango

Förberedelse + tillagningstid: 50 minuter | Portioner: 4

Råmaterial

1 pund stora pilgrimsmusslor

1 msk smör

<u>Sås</u>

1 msk citronsaft

2 msk olivolja

<u>Dekorera</u>

1 msk limeskal

1 msk apelsinskal

1 kopp skivad mango

1 tunt skivad serranopeppar

2 msk hackade myntablad

Instruktioner

Lägg pilgrimsmusslorna i en återförslutningsbar påse. Krydda med salt och peppar. Låt svalna i kylen över natten. Förbered ett vattenbad och placera Sous Vide i det. Ställ in på 122 F. Släpp ut luft med hjälp av vattenförträngningsmetoden, förslut och sänk ned påsen i vattenbadet. Koka i 15-35 minuter.

Värm en panna på medelvärme. Blanda ingredienserna väl i en skål. När timern stannar, ta bort pilgrimsmusslorna och överför till en panna och stek tills de fått färg. Servera på ett fat. Ringla över såsen och lägg i garneringen.

Salladslök och räkor med senapsvinägrett

Förberedelse + tillagningstid: 1 timme 20 minuter | Portioner: 4

migråmaterial

6 purjolökar

5 msk olivolja

Salt och svartpeppar efter smak

1 schalottenlök, hackad

1 msk risvinäger

1 tsk dijonsenap

1/3 pund kokta lagerräkor

Hackad färsk persilja

Instruktioner

Förbered ett vattenbad och placera Sous Vide i det. Ställ in på 183F.

Skär bort toppen av purjolöken och ta bort de nedre delarna. Tvätta dem i kallt vatten och strö 1 msk olivolja över dem. Krydda med salt och peppar. Lägg i en lufttät påse. Släpp ut luften med hjälp av vattenförträngningsmetoden, förslut och sänk ned påsen i vattenbadet. Koka i 1 timme.

Under tiden, för vinägretten, kombinera schalottenlök, dijonsenap, vinäger och 1/4 kopp olivolja i en skål. Krydda med salt och peppar. När timern stannar, ta bort påsen och lägg i ett isvattenbad. Låt svalna. Lägg upp purjolöken på 4 tallrikar och smaka av med salt. Tillsätt räkorna och ringla över vinägretten. Garnera med persilja.

Kokos räkor soppa

Förberedelse + tillagningstid: 55 minuter | Portioner: 6

Råmaterial

8 stora råa räkor, skalade och deveirade

1 msk smör

Salt och svartpeppar efter smak

Till soppa

1 pund zucchini

4 msk limejuice

2 gula lökar, hackade

1-2 små röda chili, finhackad

1 stjälk citrongräs, endast vit del, hackad

1 tsk räkpasta

1 tsk socker

1½ dl kokosmjölk

1 tsk tamarindpasta

1 kopp vatten

½ dl kokosgrädde

1 msk fisksås

2 msk färsk basilika, hackad

Instruktioner

Förbered ett vattenbad och placera Sous Vide i det. Ställ in på 142 F. Lägg räkorna och smöret i en vakuumpåse. Krydda med salt och peppar. Släpp ut luften med hjälp av vattenförträngningsmetoden, förslut och sänk ned påsen i vattenbadet. Koka i 15-35 minuter.

Skala under tiden zucchinin och kassera fröna. Skär i tärningar. I en matberedare, tillsätt lök, citrongräs, chili, räkpasta, socker och 1/2 kopp kokosmjölk. Blanda till puré.

Hetta upp en kastrull på låg värme och blanda ihop lökblandningen, resterande kokosmjölk, tamarindpasta och vatten. Tillsätt zucchini och koka i 10 minuter.

När timern stannar, ta bort räkorna och överför till soppan. Vispa i kokosgrädde, limejuice och basilika. Servera i soppskålar.

Honungslax med sobanudlar

Förberedelse + tillagningstid: 40 minuter | Portioner: 4

Råmaterial

Lax

6 oz laxfilé, skin-on

Salt och svartpeppar efter smak

1 tsk sesamolja

1 kopp olivolja

1 msk färsk ingefära, riven

2 msk honung

Sesam Soba

4 oz torra sobanudlar

1 msk druvkärneolja

2 vitlöksklyftor, hackade

½ blomkålshuvud

3 msk tahini

1 tsk sesamolja

2 tsk olivolja

¼ juiced lime

1 skivad grön lök stjälk

¼ kopp koriander, grovt hackad

1 tsk rostade vallmofrön

Limebåtar för dekoration

Sesamfrön för dekoration

2 msk koriander, hackad

Instruktioner

Förbered ett vattenbad och placera Sous Vide i det. Ställ in på 123 F. Krydda laxen med salt och peppar. Blanda sesamolja, olivolja, ingefära och honung i en skål. Lägg laxen och blandningen i en återförslutningsbar påse. Skaka väl. Släpp ut luften med hjälp av vattenförträngningsmetoden, förslut och sänk ned påsen i vattenbadet. Koka i 20 minuter.

Förbered under tiden sobanudlarna. Hetta upp druvolja i en panna på hög värme och fräs blomkål och vitlök i 6-8 minuter. Blanda väl tahini, olivolja, sesamolja, limejuice, koriander, salladslök och rostade sesamfrön i en skål. Häll av nudlarna och lägg i blomkålen.

Hetta upp en panna på hög värme. Täck med en plåt bakplåtspapper. När timern stannar, ta bort laxen och lägg i en kastrull. Stek i 1 minut. Servera nudlarna i två skålar och tillsätt lax. Garnera med limeklyftor, vallmofrön och koriander.

Gourmet hummer med majonnäs

Förberedelse + tillagningstid: 40 minuter | Portioner: 2

Råmaterial

2 hummerstjärtar

1 msk smör

2 söta lökar, hackade

3 msk majonnäs

Salt att smaka

En nypa svartpeppar

2 tsk citronsaft

Instruktioner

Förbered ett vattenbad och placera Sous Vide i det. Ställ in på 138F.

Värm vatten i en kastrull på hög värme tills det kokar. Öppna hummersvansskalen och sänk ned i vattnet. Koka i 90 sekunder. Överför till ett isvattenbad. Låt svalna i 5 minuter. Bryt skalen och ta bort svansen.

Lägg svansarna med smör i en vakuumpåse. Släpp ut luften med hjälp av vattenförträngningsmetoden, förslut och sänk ned påsen i vattenbadet. Koka i 25 minuter.

När timern stannar, ta bort svansen och torka. Sits åt sidan. Låt svalna i 30 minuter. Blanda majonnäs, sötlök, peppar och citronsaft i en skål. Hacka svansen, lägg till majonnäsblandningen och rör om väl. Servera med rostat bröd.

Party räkcocktail

Förberedelse + tillagningstid: 40 minuter | Portioner: 2

Råmaterial

1 pund räkor, skalade och deveirade

Salt och svartpeppar efter smak

4 msk färsk dill, hackad

1 msk smör

4 msk majonnäs

2 msk salladslök, hackad

2 tsk färskpressad citronsaft

2 tsk tomatpuré

1 msk tabascosås

4 avlånga middagsrullar

8 blad sallad

½ citron, skuren i klyftor

Instruktioner

Förbered ett vattenbad och placera Sous Vide i det. Ställ in på 149 F. För smaksättning, blanda väl majonnäs, salladslök, citronsaft, tomatpuré och Tabascosås. Krydda med salt och peppar.

Lägg räkorna och kryddorna i en återförslutbar påse. Tillsätt 1 matsked dill och 1/2 matsked smör till varje paket. Släpp ut luften med hjälp av vattenförträngningsmetoden, förslut och sänk ned påsen i vattenbadet. Koka i 15 minuter.

Värm ugnen till 400 F. och koka middagsrullarna i 15 minuter. När timern stannar, ta bort påsen och töm den. Lägg räkorna i en skål med dressingen och blanda väl. Servera ovanpå salladsrullarna med citron.

Herby Citron Lax

Förberedelse + tillagningstid: 45 minuter | Portioner: 2

Råmaterial

2 skinnfria laxfiléer
Salt och svartpeppar efter smak
¾ kopp extra virgin olivolja
1 schalottenlök, skuren i tunna ringar
1 msk basilikablad, lätt hackade
1 tsk ört
3 oz blandade grönsaker
1 citron

Instruktioner

Förbered ett vattenbad och placera Sous Vide i det. Ställ in på 128F.

Lägg laxen och krydda med salt och peppar i en vakuumpåse. Tillsätt schalottenlöksringar, olivolja, örter och basilika. Släpp ut luften med hjälp av vattenförträngningsmetoden, förslut och sänk ned påsen i vattenbadet. Koka i 25 minuter.

När timern stannar, ta bort påsen och överför laxen till en tallrik. Blanda matlagningssaften med lite citronsaft och de översta laxfiléerna. Tjäna.

Smakrika smöriga hummerstjärtar

Förberedelse + tillagningstid: 1 timme 10 minuter | Portioner: 2

Råmaterial

8 msk smör

2 hummerstjärtar, skal borttagna

2 kvistar färsk dragon

2 msk salvia

Salt att smaka

Citronbåtar

Instruktioner

Förbered ett vattenbad och placera Sous Vide i det. Ställ in på 134F.

Lägg hummerstjärtarna, smör, salt, salvia och dragon i en återförslutningsbar påse. Släpp ut luften med hjälp av vattenförträngningsmetoden, förslut och sänk ned påsen i vattenbadet. Koka i 60 minuter.

När timern stannar, ta bort påsen och överför hummern till en tallrik. Strö smör ovanpå. Garnera med citronklyftor.

Thailändsk lax med blomkål och äggnudlar

Förberedelse + tillagningstid: 55 minuter | Portioner: 2

Råmaterial

2 skinn-på laxfiléer

Salt och svartpeppar efter smak

1 msk olivolja

4½ msk sojasås

2 msk finhackad färsk ingefära

2 tunt skivade thailändska chili

6 msk sesamolja

4 oz beredda äggnudlar

6 oz kokta blomkålsbuketter

5 tsk sesamfrön

Instruktioner

Förbered ett vattenbad och placera Sous Vide i det. Ställ in på 149 F. Förbered en bakplåt klädd med aluminiumfolie och lägg på laxen, krydda med salt och peppar och täck med ytterligare ett ark aluminiumfolie. Grädda i ugnen i 30 minuter.

Ta bort den bakade laxen till en återförslutningsbar påse. Släpp ut luften med hjälp av vattenförträngningsmetoden, förslut och sänk ned påsen i vattenbadet. Koka i 8 minuter.

Blanda ingefära, chili, 4 matskedar sojasås och 4 matskedar sesamolja i en skål. När timern stannar, ta bort påsen och överför laxen till en nudelskål. Garnera med rostade frön och laxskinn. Ringla över ingefära-chilisåsen och servera.

Lätt havsabborre med dill

Förberedelse + tillagningstid: 35 minuter | Portioner: 3

Råmaterial

1 pund chilensk havsabborre, utan skinn
1 msk olivolja
Salt och svartpeppar efter smak
1 msk dill

Instruktioner

Förbered ett vattenbad och placera Sous Vide i det. Ställ in på 134 F. Krydda havsabborren med salt och peppar och lägg i en vakuumpåse. Tillsätt dill och olivolja. Släpp ut luften med hjälp av vattenförträngningsmetoden, förslut och sänk ned påsen i vattenbadet. Koka i 30 minuter. När timern stannar, ta bort påsen och överför havsabborren till en tallrik.

Sweet Chili Räkor Woka

Förberedelse + tillagningstid: 40 minuter | Portioner: 6

Råmaterial

1½ pund räkor

3 torkade röda chili

1 msk riven ingefära

6 vitlöksklyftor, hackade

2 msk champagnevin

1 msk sojasås

2 teskedar socker

½ tsk majsstärkelse

3 salladslökar, hackade

Instruktioner

Förbered ett vattenbad och placera Sous Vide i det. Ställ in på 135F.

Kombinera ingefära, vitlöksklyftor, chili, champagne, socker, sojasås och majsstärkelse. Lägg de skalade räkorna med blandningen i en vakuumpåse. Släpp ut luften med vattenöverföringsmetoden, förslut och sänk ned i vattenbadet. Koka i 30 minuter.

Lägg salladslöken i en kastrull på medelvärme. Tillsätt olja och koka i 20 sekunder. När timern stannar, ta bort de kokta räkorna och lägg i en skål. Garnera med lök. Servera med ris.

Fruktiga thairäkor

Förberedelse + tillagningstid: 25 minuter | Portioner: 4

Råmaterial

2 pund räkor, skalade och deveirade

4 stycken skalad och riven papaya

2 schalottenlök, skivade

¾ kopp körsbärstomater, halverade

2 msk basilika, hackad

¼ kopp rostade torra jordnötter

Thaidressing

¼ kopp limejuice

6 matskedar socker

5 msk fisksås

4 vitlöksklyftor

4 små röda chili

Instruktioner

Förbered ett vattenbad och placera Sous Vide i det. Ställ in på 135 F. Placera räkorna i en vakuumförseglad påse. Släpp ut luften med hjälp av vattenförträngningsmetoden, förslut och sänk ned påsen i vattenbadet. Koka i 15 minuter. Blanda limejuice, fisksås och socker väl i en skål. Mosa vitlöken och chilin. Lägg till dressingblandningen.

När timern stannar, ta bort räkorna från påsen och lägg i en skål. Tillsätt papaya, thaibasilika, schalottenlök, tomater och jordnötter. Glasera med dressingen.

Citronräkor i Dublin-stil

Förberedelse + tillagningstid: 1 timme 15 minuter | Portioner: 4

Råmaterial

4 msk smör

2 msk limejuice

2 färska vitlökar, hackade

1 tsk färsk limeskal

Salt och svartpeppar efter smak

1 pund jumbo räkor, devened och deveined

½ kopp panko ströbröd

1 msk färsk persilja, hackad

Instruktioner

Förbered ett vattenbad och placera Sous Vide i det. Ställ in på 135F.

Hetta upp 3 matskedar smör i en panna på medelvärme och tillsätt citronsaft, salt, peppar, vitlök och skal. Låt svalna i 5 minuter. Lägg räkorna och blandningen i en återförslutbar påse. Släpp ut luften med hjälp av vattenförträngningsmetoden, förslut och sänk ned påsen i vattenbadet. Koka i 30 minuter.

Värm under tiden smör i en panna över medel och rosta pankobrödsmulorna. När timern stannar, ta bort räkorna och lägg i en het gryta på hög värme och koka med matlagningsjuicerna. Servera i 4 soppskålar och toppa med ströbröd.

Saftiga pilgrimsmusslor med chili vitlökssås

Förberedelse + tillagningstid: 75 minuter | Portioner: 2

Råmaterial

2 msk gult currypulver

1 msk tomatpuré

½ dl kokosgrädde

1 tsk chili vitlökssås

1 msk citronsaft

6 pilgrimsmusslor

Kokt brunt ris, till servering

Färsk koriander, hackad

Instruktioner

Förbered ett vattenbad och placera Sous Vide i det. Ställ in på 134F.

Blanda kokosgrädde, tomatpuré, currypulver, limejuice och chili-vitlökssås. Lägg blandningen med pilgrimsmusslorna i en återförslutningsbar påse. Släpp ut luften med hjälp av vattenförträngningsmetoden, förslut och sänk ned påsen i vattenbadet. Koka i 60 minuter.

När timern stannar, ta bort påsen och lägg på en tallrik. Servera det bruna riset och toppa med pilgrimsmusslorna. Garnera med koriander.

Curryräkor med nudlar

Förberedelse + tillagningstid: 25 minuter | Portioner: 2

Råmaterial

1 pund räkor, svansar

8 oz vermicelli nudlar, kokta och avrunna

1 tsk risvin

1 tsk currypulver

1 msk sojasås

1 salladslök, skivad

2 msk vegetabilisk olja

Instruktioner

Förbered ett vattenbad och placera Sous Vide i det. Ställ in på 149 F. Lägg räkorna i en vakuumpåse. Släpp ut luften med hjälp av vattenförträngningsmetoden, förslut och sänk ned påsen i vattenbadet. Koka i 15 minuter.

Hetta upp olja i en panna på medelvärme och tillsätt risvin, currypulver och sojasås. Blanda väl och blanda ihop nudlarna. När timern stannar, ta bort räkorna och överför till nudelblandningen. Garnera med salladslök.

Smakrik krämig torsk med persilja

Förberedelse + tillagningstid: 40 minuter | Portioner: 6

Råmaterial

<u>För torsk</u>

6 torskfiléer

Salt att smaka

1 msk olivolja

3 kvistar färsk persilja

<u>Till sås</u>

1 dl vitt vin

1 kopp halv-och-halv grädde

1 finhackad vitlök

2 msk dill, hackad

2 tsk svartpepparkorn

Instruktioner

Förbered ett vattenbad och placera Sous Vide i det. Ställ in på 148F.

Lägg kryddade salttorskfiléer i en vakuumpåse. Tillsätt olivolja och persilja. Släpp ut luften med hjälp av vattenförträngningsmetoden, förslut och sänk ned påsen i vattenbadet. Koka i 30 minuter.

Värm en gryta på medelhög värme, tillsätt vin, lök, svartpeppar och koka tills den reducerats. Rör ner halva och halva grädden tills den tjocknar. När timern stannar, tallrik fisken och häll sås över den.

Franska Pot de Rillettes med lax

Förberedelse + tillagningstid: 2 timmar 30 minuter | Portioner: 2

Råmaterial

½ pund laxfiléer, skinnet borttaget

1 tsk havssalt

6 msk smör

1 lök, hackad

1 vitlöksklyfta, hackad

1 msk limejuice

Instruktioner

Förbered ett vattenbad och placera Sous Vide i det. Ställ in på 130 F. Lägg laxen, osaltat smör, havssalt, vitlöksklyftor, lök och citronsaft i en vakuumförseglad påse. Släpp ut luften med hjälp av vattenförträngningsmetoden, förslut och sänk ned påsen i vattenbadet. Koka i 20 minuter.

När timern stannar, ta bort laxen och lägg i 8 små skålar. Smaksätt med matlagningsjuicer. Låt svalna i kylen i 2 timmar. Servera med skivor rostat bröd.

Salvialax med kokospotatismos

Förberedelse + tillagningstid: 1 timme 30 minuter | Portioner: 2

Råmaterial

2 laxfiléer, skinn på

2 msk olivolja

2 kvistar salvia

4 vitlöksklyftor

3 potatisar, skalade och hackade

¼ kopp kokosmjölk

1 bunt regnbågskol

1 msk riven ingefära

1 msk sojasås

Havssalt efter smak

Instruktioner

Förbered ett vattenbad och placera Sous Vide i det. Ställ in på 122 F. Placera lax, salvia, vitlök och olivolja i en vakuumförseglad påse. Släpp ut luften med hjälp av vattenförträngningsmetoden, förslut och sänk ned påsen i vattenbadet. Koka i 1 timme.

Värm ugnen till 375 F. Pensla potatisen med olja och grädda i 45 minuter. Lägg potatisen i en mixer och tillsätt kokosmjölken. Krydda med salt och peppar. Mixa i 3 minuter tills det är slätt.

Hetta upp olivolja i en panna på medelvärme och fräs ingefära, potatis och soja.

När timern stannar, ta bort laxen och lägg på en het panna. Stek i 2 minuter. Lägg över till en tallrik, tillsätt potatismos och toppa med röding för att servera.

Dill Baby Octopus skål

Förberedelse + tillagningstid: 60 minuter | Portioner: 4

Råmaterial

1 pund bläckfisk
1 msk olivolja
1 msk färskpressad citronsaft
Salt och svartpeppar efter smak
1 msk dill

Instruktioner

Förbered ett vattenbad och placera Sous Vide i det. Ställ in på 134 F. Placera bläckfisken i en vakuumpåse. Släpp ut luften med hjälp av vattenförträngningsmetoden, förslut och sänk ned påsen i vattenbadet. Koka i 50 minuter. När timern stannar, ta bort bläckfisken och klappa den torr. Blanda bläckfisken med lite olivolja och citronsaft. Krydda med salt, peppar och dill.

Saltad lax i Hollandaisesås

Förberedelse + tillagningstid: 1 timme 50 minuter | Portioner: 4

migråmaterial

4 laxfiléer

Salt att smaka

<u>Hollandaisesås</u>

4 msk smör

1 äggula

1 tsk citronsaft

1 tsk vatten

½ tärnad schalottenlök

Lite paprika

Instruktioner

Krydda laxen med salt. Låt svalna i 30 minuter. Förbered ett vattenbad och placera Sous Vide i det. Ställ in på 148 F. Lägg alla ingredienser till såsen i en återförslutningsbar påse. Släpp ut luften med hjälp av vattenförträngningsmetoden, förslut och sänk ned påsen i vattenbadet. Koka i 45 minuter.

Ta bort påsen när timern stannar. Avsätta. Sänk Sous Vide-temperaturen till 120 F och lägg laxen i en vakuumförseglad påse. Släpp ut luften med hjälp av vattenförträngningsmetoden, förslut och sänk ned påsen i vattenbadet. Koka i 30 minuter. Överför såsen till en mixer och mixa tills den är ljusgul. När timern stannar tar du bort laxen och torkar den. Servera toppad med såsen.

Fantastisk citronlax med basilika

Förberedelse + tillagningstid: 35 minuter | Portioner: 4

Råmaterial

2 pund lax

2 msk olivolja

1 msk hackad basilika

Skal av 1 citron

Saften av 1 citron

¼ tesked vitlökspulver

Havssalt och svartpeppar efter smak

Instruktioner

Förbered ett vattenbad och placera Sous Vide i det. Ställ in på 115 F. Lägg laxen i en återförslutningsbar påse. Släpp ut luften med hjälp av vattenförträngningsmetoden, förslut och sänk ned påsen i vattenbadet. Koka i 30 minuter.

Blanda under tiden peppar, salt, basilika, citronsaft och vitlökspulver i en skål tills det är emulgerat. När timern stannar, ta bort laxen och lägg på en tallrik. Spara matlagningsjuicerna. Hetta upp olivolja i en panna på hög värme och fräs vitlökskivorna. Ställ vitlöken åt sidan. Lägg laxen i pannan och koka i 3 minuter tills den är gyllene. Tallrik och toppa med vitlöksskivorna.

Äggbitar med lax och sparris

Förberedelse + tillagningstid: 70 minuter | Portioner: 6

Råmaterial

6 hela ägg

¼ kopp crème fraiche

¼ kopp getost

4 spjut sparris

2 oz rökt lax

2 oz chèvreost

½ oz hackad schalottenlök

2 tsk hackad färsk dill

Salt och svartpeppar efter smak

Instruktioner

Förbered ett vattenbad och placera Sous Vide i det. Ställ in på 172 F. Blanda ägg, crème fraiche, getost och salt. Skär sparrisen i bitar och lägg i blandningen tillsammans med schalottenlök. Skiva laxen och lägg i skålen också. Tillsätt dill. Blanda väl.

Tillsätt ägg- och laxblandningen i 6 burkar. Tillsätt 1/6 chevre i burkarna, förslut och sänk ner burkarna i vattenbadet. Koka i 60 minuter. När timern stannar, ta bort burkarna och strö över salt.

Garlicky Senapsräkor

Förberedelse + tillagningstid: 2 timmar 45 minuter | Portioner: 2

Råmaterial

½ tsk gula senapsfrön

¼ tsk sellerifrö

½ tsk röd paprikaflingor

½ tsk korianderfrön

½ tsk fänkålsfrön

¾ kopp olivolja

½ dl färskpressad citronsaft

4 msk risvinäger

Salt och svartpeppar efter smak

1 lagerblad

1 msk Old Bay-krydda

2 vitlöksklyftor, mycket tunt skivade

1 pund räkor

½ gul lök, tunt skivad

Instruktioner

Förbered ett vattenbad och placera Sous Vide i det. Ställ in på 149F.

Värm en gryta på medelvärme och rosta senapsfröna, rödpepparflingorna, selleri, fänkål och korianderfrön. Koka tills popcorn. Ställ åt sidan och låt svalna.

Häll olivolja, citronsaft, rostade kryddor, svartpeppar, risvinäger, lagerblad, vitlöksklyftor och kryddor i en konservburk. Förslut och sänk burkarna i vattenbadet. Koka i 30 minuter.

När timern stannar, ta bort burkarna och låt dem svalna i 5 minuter. Överför till ett isvattenbad för att svalna. Ställ in i kylen i 2 timmar innan servering.

Läcker ost hummerrisotto

Förberedelse + tillagningstid: 55 minuter | Portioner: 4

Råmaterial

1 lång hummer, skalet borttaget

Salt och svartpeppar efter smak

6 msk smör

2½ dl kycklingfond

¾ kopp Arborio ris

2 msk rött vin

¼ kopp riven Grana Padano ost

2 hackad gräslök

Instruktioner

Förbered ett vattenbad och placera Sous Vide i det. Ställ in på 138 F. Krydda hummern med salt och peppar och lägg i en vakuumpåse med 3 matskedar smör. Släpp ut luften med hjälp av vattenförträngningsmetoden, förslut och sänk ned påsen i vattenbadet. Koka i 25 minuter.

Värm 3 matskedar smör i en panna på medelvärme och koka riset. Rör ner 1/4 kopp kycklingfond. Fortsätt koka tills fonden har avdunstat. Tillsätt ytterligare 1/4 kopp kycklingfond. Upprepa processen i 15 minuter tills riset är krämigt.

När timern stannar, ta bort hummern och skär i bitar. Tillsätt hummern i riset. Rör ner resterande kycklingfond och rödvin. Koka tills vätskan absorberats. Toppa med Grana Padano ost och smaka av med salt och peppar. Garnera med gräslök och mer ost.

Vitlök Tabasco Edamame ost

Förberedelse + tillagningstid: 1 timme 6 minuter | Portioner: 4

Råmaterial

1 msk olivolja
4 koppar färsk edamame i en balja
1 tsk salt
1 vitlöksklyfta, hackad
1 msk röd paprikaflingor
1 msk Tabascosås

Instruktioner

Förbered ett vattenbad och placera Sous Vide i det. Ställ in på 186F.

Värm en kastrull med vatten på hög värme och blanchera edamamegrytorna i 60 sekunder. Sikta dem och lägg dem i ett isvattenbad. Blanda vitlök, rödpepparflingor, Tabascosås och olivolja.

Placera edamamen i en vakuumförseglad påse. Häll Tabascosåsen över. Släpp ut luften med hjälp av vattenförträngningsmetoden, förslut och sänk ned påsen i vattenbadet. Koka i 1 timme. När timern stannar, ta bort påsen och lägg i en skål och servera.

Herby Mosade snöärter

Förberedelse + tillagningstid: 55 minuter | Portioner: 6

Råmaterial

½ dl grönsaksfond

1 pund färska snöärtor

Skal av 1 citron

2 msk hackad färsk basilika

1 msk olivolja

Salt och svartpeppar efter smak

2 msk hackad färsk gräslök

2 msk hackad färsk persilja

¾ tsk vitlökspulver

Instruktioner

Förbered ett vattenbad och placera Sous Vide i det. Ställ in på 186F.

Blanda bönorna, citronskal, basilika, olivolja, svartpeppar, gräslök, persilja, salt och vitlökspulver och lägg i en vakuumpåse. Släpp ut luften med hjälp av vattenförträngningsmetoden, förslut och sänk ned påsen i vattenbadet. Koka i 45 minuter. När timern stannar, ta bort påsen och lägg i en mixer och mixa väl.

www.ingramcontent.com/pod-product-compliance
Lightning Source LLC
Chambersburg PA
CBHW050347120526
44590CB00015B/1594